Reinhard Olschanski

Maske und Person

Zur Wirklichkeit des Darstellens und Verhüllens

Mit 9 Abbildungen

Vandenhoeck & Ruprecht

Reinhard Olschanski, geboren 1960, Promotion in Philosophie, zahlreiche Veröffentlichungen, arbeitet gegenwärtig zu Problemen der Sozialphilosophie und Ästhetik.

Die Deutsche Bibliothek – CIP-Einheitsaufnahme

Olschanski, Reinhard:
Maske und Person : zur Wirklichkeit
des Darstellens und Verhüllens / Reinhard Olschanski. –
Göttingen: Vandenhoeck und Ruprecht, 2001
ISBN 3–525–30135–9

Satz: Schwarz auf Weiß GmbH, Hannover
Druck und Bindung: Hubert & Co., Göttingen
Umschlagkonzeption: Markus Eidt, Göttingen

Inhalt

Verzeichnis der Abbildungen

Vorwort

Das vorliegende Buch beschäftigt sich mit der Wirksamkeit und der Wirklichkeit von Masken in einem engeren und weiteren Sinn. Es behandelt Objekte mit maskenhaftem Zuschnitt und hinterfragt die symbolische Ordnung ihres Erscheinens. Ausgangspunkt sind besondere Intensitäten in der Wahrnehmung von Maske und Gesicht. Es geht um ein Spannungsfeld, in dem das Gesicht als wohl bedeutsamste Gegebenheit des Alltags eine Verfremdung durch die Maske erfährt.

Der Weg vom Gesicht und seiner maskenhaften Verfremdung führt zu einer »Wirklichkeit« in Anführungsstrichen. Eine Alltagsauslegung gerät unter Verdacht, die ihrem Wirklichen umstandslos Handfestigkeit verleiht. Maske und Gesicht belegen entsprechende Vorannahmen mit ihrem Veto und laufen nicht zuletzt den Kurzschlüssen eines Denkens zuwider, das sich als physiognomische Charakterkunde am Menschen versucht.

Das Buch folgt den Masken an die Grenzen von »wirklicher« Realität, Spiel und Magie. Es behandelt ihr Erscheinen in den Kontexten von Arbeit, Gewalt, Tod, Rolle, Rausch, Wettkampf, Karneval, Theater und Ritus. Dabei zeigt sich das Doppeldeutige der Maske in einem Spiel der Andersheit und der Differenz: Die Maske ist der Gegenstand, der ein Gesicht gleichzeitig darstellt und verhüllt.

Einen unscheinbaren, aber nachhaltigen Anstoß fand die Frage nach der Wirksamkeit und Wirklichkeit von Masken in der Aufführung eines Stegreifstücks. Eine Kindergruppe aus der Tschernobyl-Region zog mit den einfachsten Mitteln des Maskentheaters die Aufmerksamkeit von einigen hundert anderen Kindern in den Bann – ein Vorgang, der angesichts des mit Sinnesreizen nicht gerade unterversorgten Publikums für sich spricht. Der Leser mag eine solche Erfahrung als eine den Text untergründig organisierende im Auge behalten.

Während der Arbeit am Manuskript fand sich verschiedentlich Gelegenheit, die Hauptthesen zu erproben. In Diskussionen mit Philosophen, Künstlern, Schauspielern, Pädagogen und Psychologen ging mir dabei die Tragweite der Fragestellung mehr und mehr auf. Stellvertretend für alle, die mit ihren Hinweisen und Einwänden halfen, danke ich Jürgen Lehlbach für sein nachhaltiges Engagement.

Reinhard Olschanski
Darmstadt, im Februar 2001

I Gesicht – Maske – Wirklichkeit

Die vielleicht tragfähigste Erkenntnishaltung entspringt einer paradoxen Verbindung von Gelassenheit und Konzentration. Sie ermöglicht es, dass auch eine sonst kaum merkliche Abweichung vom Erwarteten ein vorgefasstes Bild zu unterminieren vermag. Indem die Achtsamkeit ein Stück weit vom gängigen Geschäft des Vor- und Zurückgreifens, des Erinnerns und Entwerfens zurücktritt, macht sie die Risse und Brüche in den scheinbar fest gefügten Gebäuden von Alltag und Wissenschaft kenntlich.

Als ein alltäglicher und in seiner Vertrautheit einer solchen Erkenntnishaltung in besonderer Weise angemessener »Gegenstand« erscheint das menschliche Gesicht. Ständig sind wir von Gesichtern umgeben, wir nehmen sie wahr, sie durchziehen Träume und Imaginationen – und nach außen zeigen wir selbst ein Gesicht. Vom Gesicht als einer Grundgegebenheit her wird der Frage nach der besonderen Eindringlichkeit der Maskenerfahrung nachzugehen sein.

Das Gesicht

Das Gesicht ist ein Grundelement unserer Bilderwelt. Die Anderen sind uns und wir sind ihnen als *dieses* Gesicht oder *dieser* Ausdruck gegeben. Doch ebenso intensiv wie zu den Bildern erscheint der Kontakt zur belebten Fläche des eigenen Gesichts. Es scheint so nahe zu liegen wie nichts anderes und wird wie selbstverständlich bewohnt. Selbst dort, wo es nicht zum Gegenstand gerichteter Aufmerksamkeit wird, ist es als besonderer Aspekt des Körperempfindens präsent. In allen wachbewussten Momenten existieren wir auch als die Innenspannung eines Gesichts.

Umso befremdlicher sind Erfahrungen, die den distanzlosen Bezug unterminieren: Scham, der Umstand, durch das Gesicht den Wertungen anderer ausgesetzt zu sein, das anthropologische Vorurteil oder auch Hitze, Kälte, Verletzungen, eine veränderte Spannung der Haut, alles, was dem gewohnten Empfinden zuwiderläuft, kann hierzu Anlass bieten. Ein kleiner gedanklicher Schnitt mit weitreichenden Folgen lässt das eigene Gesicht der äußeren Welt zugehörig erscheinen.

Ein Gesicht verlieren – die Sprache der Moral hat die mögliche Tragweite des Vorgangs in sich aufgenommen, wobei die Wendung dem wörtlichen Gehalt nach gerade einen Abtrennungsvorgang indiziert. Wie in einer fernöstlichen Meditationsanweisung oder einem Lehrbuch der Anatomie erscheint die Einheit des Körpers aufgesprengt. Der Schauer eines memento mori entlädt sich mitsamt schwarzromantischem Bildvorrat: Der Schädel und sein Grinsen, von nur wenigen Millimetern Fleisch, Muskeln und Knorpel verborgen – das Gesicht, ein dünner, geschmeidiger Überzug! Verwundert geraten wir an das Faktische einer Körperzone,[1] in der wir sonst fraglos anwesend sind.

Die Abtrennung löst jedoch nicht nur auf, sie akzentuiert auch einen Zusammenhang. Das objektivierte Gesicht erscheint wie eine *Maske*, als einheitliches, für sich bestehendes Gebilde, das ein Gesicht darstellen soll. Gleichzeitig verfremdet es die Maskenerfahrung selbst. Als Maske genommen hat das Gesicht kein Gesicht hinter sich, es stellt ein Gesicht dar, ohne eines zu verhüllen. Hinter dieser Maske steht kein von ihr maskiertes Gesicht.

Ein Weg von dieser befremdlichen Erfahrung zurück zu einer etwas geläufigeren führt über die Reflexivierung. Der gedankliche Schnitt, die Reduktion des Gesichts auf die Faktizität der Maske, wird zum Riss, in dem der Gegenstand der Untersuchung als ein im Alltag stets schon überschrittener erscheint, insofern es dort nämlich vor allem um ein Denken und Fühlen geht, das den Körper und seine Zonen präreflexiv »bewohnt«. Die Verfremdung führt ex negativo auf die Rolle des Gesichts in der alltäglichsten Selbstgegenwart.

Selbstgegenwart

Die Körperlichkeit der Selbstgegenwart tritt in besonderer Weise bei den stärkeren Empfindungen, Affekten und Emotionen hervor. Diese betreffen meist unwillkürlich besondere Körperzonen, sie können sich aber auch über den ganzen Körper erstrecken. Oft machen sie sich als Geste, als Körperhaltung oder als Regung des Gesichts geltend. Die einzelnen Regungen sind dabei weder ein bloß Hinzukommendes noch bloße Manifestationen oder Ausdrucksweisen eines isoliert bestehenden Gehalts, sondern stets Momente in der Gesamtheit des Befindens, sie gehen ein in ein Zusammenspiel der Regungen, in ein Totum der Selbstgegenwart.

Dies gilt oft auch für den Schmerz, der in einer bestimmten Körperzone spürbar wird. Denn er geht meist einher mit einer Anspannung des Körpers und insbesondere des Gesichts. Und oft ist dabei auch nicht klar, was in dieser komplex gegliederten Empfindung am meisten absorbiert: der unmittelbar schmerzende Bereich, eine Art Schmerzverdoppelung im Gehirn, die Körperkontraktion oder die Gesichtsanspannung.

Doch auch die gegenüber dem Bereich des Fühlens stärker intellektuell geprägten Vollzüge verkörpern sich. Sie sind dabei vielleicht nicht so ausgreifend wie starke Empfindungen, Affekte und Emotionen, doch gleichfalls Moment der körperlichen Selbstgegenwart – die Gedanken bzw. die Werthaltungen, die wir mit bestimmten Vorstellungen und Wahrnehmungen verbinden, verlängern sich in den Körper hinein.

Auch hierbei spielt das Gesicht wiederum eine wichtige Rolle. Fragen, Erwartungen, Zweifel finden in ihm einen beweglichen Gegenhalt. Allerdings handelt es sich dabei oft um subtile Vorgänge, die nur der inneren Wahrnehmung zugänglich sind, um minimale Impulse, die auf bestimmte körperliche Kontraktionen bloß verweisen, ohne dass entsprechende Bewegungen tatsächlich ausgeführt würden.

Wie schon beim Fühlen geht es auch hier nicht einfach um die Manifestation vorbestehender Gehalte, sondern um ein gegliedertes Zusammenspiel, in dessen Kontext der Verkörperung eine eigenständige Funktion zufällt. Besondere Aspekte oder allgemeinere Perspektiven auf einzelne Gehalte des Denkens klingen darin nach, die Verkörperung hält sie förmlich fest, um das Denken zu orientieren. Als verkörperte Perspektive, als eine minimale Innervation steht sie für einen Abschnitt auf einem Denkweg und ermöglicht es einem fortschreitenden Denken, sich auf dem eingeschlagenen Weg weiter zu orientieren.

So wird ein Gehalt als bezweifelter näher eruierbar, wenn die Haltung des Zweifels gewissermaßen delegiert werden kann. Das Denken kann sich den Details zuwenden, unterschiedliche Aspekte erwägen, während die in Falten gelegte Stirn, der im Denkvollzug modifizierte, vom Zweifel imprägnierte Körper die Grundrichtung hält. Nicht nur das Fühlen, auch das Denken ist so Moment der körperlichen Selbstgegenwart. Ja, von der körperlich getragenen Subjektivität her erscheint die strikte Dichotomisierung der Bereiche insgesamt obsolet, ohne dass diese Einsicht zwangsläufig die naturalistische Reduktion nach sich ziehen müsste.

Identifikation

Der Bedeutung des Gesichts als besonderer Zone der körperlichen Selbstgegenwart entspricht die herausragende Rolle, die der Wahrnehmung von Gesichtern im Alltag zukommt. Gesichter sind wohl die bedeutsamsten Gegebenheiten, die es für uns überhaupt gibt. Im Kontext des Körpers, seiner Umgebung und des jeweiligen Hintergrunds ziehen sie regelmäßig und mit großem Nachdruck unsere Aufmerksamkeit auf sich.

Ihrer herausragenden Rolle entspricht es durchaus, dass in der Wahrnehmung zahlreiche Automatismen wirksam sind. Gesichter sind uns so bedeutsam und vertraut zugleich, dass der Umgang mit ihnen von zahlreichen gut eingespielten Alltagsroutinen geleitet wird.

Schon der Sekundenbruchteil, in dem wir ein Gesicht oder die Abbildung eines Gesichts wahrnehmen, beinhaltet einen komplexen Identifikationsvorgang. Eine Wechselbeziehung zwischen Element und Elementenkonfiguration, von Teil und Ganzem setzt ein und bestimmt den Wahrnehmungsverlauf.

Die Identifikation kann dabei auf sehr unterschiedlichen Wegen erfolgen, etwa im Ausgang von bestimmten Formen oder Farben oder von einem durch Hell und Dunkel besonders markierten Element. Einzelne Gesichtspartien können dem Blick einen ersten Halt bieten, Linien, Flächen oder Symmetrieverhältnisse können auf das Gesicht als Ganzes führen, um von hier aus ihrerseits eine nähere Bestimmung zu erfahren.

Das Mondgesicht des Kinderverses, das sich aus »Punkt, Punkt, Komma, Strich« sowie einer diese Zeichen umgrenzenden Kreislinie verfertigen lässt, kann als Hinweis auf eine Elementarkonfiguration angesehen werden, die sich im entsprechenden Identifikationsprozess geltend macht. Dort, wo eine solche Anordnung auch nur annähernd auszumachen ist, sind wir sehr schnell bereit, sie als Gesicht zu betrachten, um dabei ein ganzes Set von Reduktionen und Typisierungen in Anschlag zu bringen. Das Mondgesicht ist wohl deshalb ein so erfolgreiches graphisches Schema, weil es einer der wichtigsten alltagspraktischen Schematisierungen entgegenkommt.

Pathognomie

Das Gesicht spielt bei der Wahrnehmung des Anderen eine zentrale Rolle.[2] Der Blick sucht an den Gesichtszügen und -ausdrücken nach einem Haltepunkt. Georg Christoph Lichtenberg hat auf das Spielerische des Vorgangs hingewiesen: »Die unterhaltendste Fläche auf der Erde für uns ist die vom menschlichen Gesicht.«[3] Dabei wusste er nur zu gut um die Gefahren, die der Emphatisierung des alltäglichen Blicks eingeschrieben sind.

Die Bedeutung, die wir der Wahrnehmung des Gesichts beimessen, beruht wesentlich darauf, dass es im Alltagsumgang als besonderer *Knotenpunkt* zwischen dem Anderen und der umgebenden Welt erscheint: am Gesicht versuchen wir etwas über den Zustand des Anderen und sein momentanes Verhältnis zur Welt und zu uns selbst abzulesen, die Mimik ist ein wesentlicher Teil der »face-to-face«-Beziehung.

Das Wissen, das unseren Wahrnehmungen dabei zugrunde liegt, ist

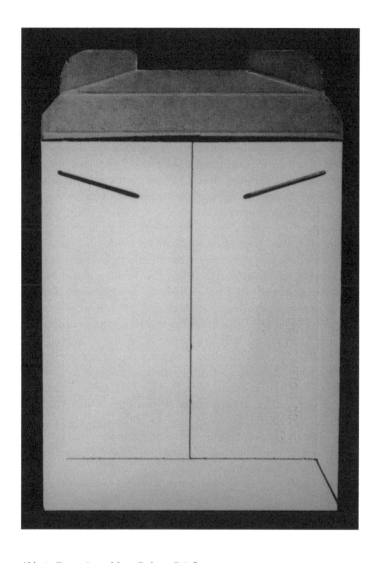

Abb. 1: François und Jean Robert, Briefcouvert
»As we began consciously selecting and framing and cropping, the world beca-
me a delightfully communicative universe of human and animal faces [...]« –
François und Jean Robert zu ihrer fotographischen Methode

ein »pathognomisches«. Es fällt nicht mit den weithin abstrusen Ansprüchen der Physiognomik zusammen. Lichtenberg hat die entsprechende Unterscheidung in seiner Kritik der Physiognomik wieder zur Geltung gebracht: »Um allem Mißverständnis auszuweichen und neuem vorzubeugen, wollen wir hier einmal für allemal erinnern, daß wir das Wort Physiognomik in einem eingeschränkteren Sinn nehmen und darunter die Fertigkeit verstehen, aus der Form und Beschaffenheit der äußeren Teile des menschlichen Körpers, hauptsächlich des Gesichts, ausschließlich aller vorübergehenden Zeichen der Gemütsbewegungen, die Beschaffenheit des Geistes und Herzens zu finden; hingegen soll die ganze Semiotik der Affekten oder die Kenntnis der natürlichen Zeichen der Gemütsbewegungen nach allen ihren Gradationen und Mischungen Pathognomik heißen.«[4]

Dass dem Gesicht diese besondere Rolle zufällt, ist sicher auch vom Körperlich-Faktischen mit bedingt. Denn bis auf den Tast- und Wärmesinn, der sich über den ganzen Körper erstreckt, befinden sich hier die Sinnesorgane des Menschen. Allein diese Häufung macht das Gesicht zu einer besonderen *Eindrucksfläche* für die umgebende Welt.

Wir nehmen es jedoch auch als *Ausdrucksfläche*. Schon die »Eindrücke« der umgebenden Welt, deren Hinterlassenschaften wir dem Gesicht des Anderen zu entnehmen versuchen, werden ja auch als Ausdrücke erfasst. In der Blickrichtung und den für die Ausrichtung der weiteren Sinne charakteristischen Bewegungen stellt sich dar, auf welchen Teil der Welt und auf welche Sinnensphäre sich die Aufmerksamkeit des Anderen so richtet, dass sie einen besonderen Eindruck hinterlassen können. Das Gesicht wird zur Fläche, durch die sich der Weltkontakt in besonderer Weise vermittelt. An ihr lesen wir ab, wie der Andere sich auf die Welt bezieht und welchen Anmutungen und Eindrücken er dabei ausgesetzt ist.

Dem Gesicht entnehmen wir aber auch, ob sich seine Aufmerksamkeit überhaupt auf die umgebende Welt richtet oder ob er sich nicht dem zuwendet, was wir als »innere« Welt ansprechen, ob er Gedanken oder Tagträumen nachhängt oder durch ein spontanes Mienenspiel besondere Körpervorgänge, etwa das Empfinden von Schmerz anzeigt.[5]

Zudem erscheinen mit der Richtung der Aufmerksamkeit auch *Wertungen*. Die Wertung und die Richtung der Aufmerksamkeit indizieren sich oft wechselseitig und werden entsprechend auch in einem Ergänzungsverhältnis erfasst. Über das Wahrnehmen und Erkennen einer Aufmerksamkeitsrichtung erschließt sich ein wertender Ausdruck des

Anderen, und umgekehrt, ein bestimmter wertender Ausdruck indiziert mögliche Bezugsgegenstände. Ja, eine bestimmte Ausrichtung der Aufmerksamkeit wird selbst schon als eine Wertung genommen, denn sie impliziert, dass für den Anderen etwas Bestimmtes vor allen anderen möglichen Gegenständen der Aufmerksamkeit den Vorzug erhält.

Das Gesicht des Anderen erscheint jedoch nicht nur als Gegenstand distanzierter Betrachtung, sondern vor allem auch als Moment einer kommunikativen Beziehung. Als Sitz des Sprachorgans hat es wesentlichen Anteil an der faktischen Seite verbaler Kommunikation. Hinzu kommt die Mimik, die für sich allein oder zusammen mit der Gestik eine kommunikative Funktion innehat und vor allem auch in einer die verbale Kommunikation unterstützenden und kommentierenden Weise in Erscheinung tritt.

Es ist breit darüber diskutiert worden, ob es eine unwillkürliche, kulturinvariante Gebärdensprache gibt, in der Wertungen spontan und für alle verständlich zum Ausdruck kommen. Schon früh wurde für den Bereich des pathognomischen Ausdrucksgeschehens eine formenreiche unwillkürliche Gebärdensprache unterstellt: »Sie ist so reich, daß bloß die süßen und sauren Gesichter ein Buch füllen würden, und so deutlich, daß die Elefanten und die Hunde den Menschen verstehen lernen.«[6] Was die unwillkürlichen Äußerungen selbst betrifft, so ist jedoch keineswegs ausgemacht, ob und inwieweit sie angeboren sind oder tief eingelebten und über verschiedene Kulturen verbreiteten Routinen folgen. Naturalistische Deutungen erscheinen jedenfalls nicht als zwingend.

Deutlichere kulturspezifische und individuelle Prägungen sind dagegen bei ästhetischen und moralischen Wertungen wie *gut/schlecht* oder *schön/hässlich* auszumachen – einmal natürlich hinsichtlich der bewerteten Gegenstände und Sachverhalte, dann aber auch hinsichtlich der Ausdrücke, durch die sie sich manifestieren.

Besondere Möglichkeiten erhält die Mimik durch ihren Bezug zum Verbalen. In Kommentierungsleistungen wie dem Bejahen und Verneinen, dem Bestärken, Bezweifeln und Ironisieren von etwas Gesagtem oder Gehörtem gewinnt sie Anteil am Differenzierungsniveau verbaler Kommunikation. Ja, sie hat darin mitunter sogar eine Platzhalterfunktion. Ein Gesichtsausdruck kann im Kontext eines Gesprächs für den verbalen Ausdruck einer Frage, einer Antwort, eines Wunsches oder einer Befürchtung stehen.

Umgekehrt dient die Mimik dem Verbalen als Moment der Verkörperung und Individuierung. Sie vermittelt ähnlich wie der Tonfall einer

Stimme den verbalen Gehalt und die körperliche Selbstgegenwart in kommunikativer Perspektive. Im Zusammenspiel von Klang, Gesichtsausdruck und verbalem Gehalt verdeutlicht sich der Ort des Körpers im semantischen Netz der Kommunikation.

Eine besondere Rolle im pathognomischen Ausdrucksgeschehen spielen einzelne Gesichtspartien. Sehr nachdrücklich hat Rodolphe Toepffer auf die Bedeutung des Mundes hingewiesen.[7] Er ist besonders beweglich, lässt sich öffnen und schließen und in verschiedenster Weise formen. Da zudem ein großer Teil der Gesichtsmuskulatur in die Mundbewegungen involviert ist, sind seine Bewegungen für den gesamten Ausdruck des Gesichts von großem Gewicht.

Von ähnlich großer Bedeutung ist die Augenpartie. Auch sie zeichnet sich durch eine große Beweglichkeit aus. Die Augenlider lassen sich ähnlich wie die Lippen, wenn auch nicht ganz so variantenreich bewegen. Mund und Augenpartie verweisen zudem als Pole aufeinander. Aus ihrem Zusammenspiel ergibt sich ein für den jeweiligen Gesichtsausdruck charakteristisches Spannungsverhältnis. Die Beweglichkeit der anderen Gesichtspartien erscheint dagegen deutlich herabgesetzt. Sie folgen oft nur den Mund- und Augenbewegungen.

Die Gesichtsbewegungen teilen dem Betrachter Wertungen, Stimmungen und Gefühle mit. Freude, Trauer, Hass, Freundschaft, Schutz, Bedrohung, Schreck, Befriedigung – die Ausdrucksmöglichkeiten sind so vielfältig, dass feinste Nuancen große Verschiebungen des Gesamtausdrucks zur Folge haben.

Doch auch in der Wahrnehmung dieser Vielfalt scheint eine Schematisierung wirksam zu sein. Wiederum lässt sie sich am »Mondgesicht« verdeutlichen. Lichtenberg hat das Schema, das in der psychologischen Forschung dann Karriere machte, bereits 1775 in flüchtigen Skizzen benutzt, um eine »Silbenmimik«, den Gesichtsausdruck beim Aussprechen verschiedener Silben und Laute, darzustellen.[8] Die Ausdrucksvielfalt, die mit diesem sparsamen darstellerischen Mittel festgehalten werden kann, zeigt sehr gut, wie wenige Anhaltspunkte genügen, um zu einem Urteil über Gesichtsausdrücke zu gelangen.[9]

Einzelne Ausdrücke sind eingelassen in die Abfolge von Ausdrücken, die das lebendige Gesicht zeigt. So verfolgen wir bei einem Anderen den Übergang von einem Erschrecken angesichts einer plötzlichen Veränderung des Wahrnehmungsfeldes hin zu einem Lächeln, dass die Erkenntnis der nichtigen Ursache dieser Veränderung begleitet. Orientiert am Mienenspiel gehen wir in einer solchen Sequenz oft unwillkürlich mit. Das Erschrecken und die Lösung, die sich in bestimmten Ausdrücken manifestieren, springen unwillkürlich über, sie werden am eigenen Gesicht nachvollziehbar.

Der Gesichtsausdruck des Anderen verweist auf die Körpervermitteltheit seines praktischen Weltbezugs insgesamt. Wir verfolgen etwa, wie der angespannte Ausdruck einer körperlich schweren oder diffizilen Tätigkeit entspricht und wie er nach der Ausführung der Verrichtung in den Zustand der Entspannung übergeht. Entsprechend dieser Korrelation bleibt auch unser »Mitgehen« nicht auf den Gesichtsausdruck beschränkt. Wir vollziehen die Anspannung des ganzen Körpers nach, sie fährt uns förmlich in die Glieder, um sich in der Entspannung wieder zu lösen.

Von den entsprechenden Abfolgegestalten her erhellen schließlich auch längere Handlungssequenzen, durch die der Andere auf sein Umfeld einwirkt, sowie die Bedeutung, die er den Veränderungen des Umfelds beimisst. Auch dabei macht sich das Phänomen des Überspringens geltend. Am eindrücklichsten lässt es sich am Beispiel des Sports studieren, wenn Zuschauer äußerst differenzierte Abläufe durch eine entsprechende körperliche Impulsierung mit vollziehen.

Persistierende Züge

Neben den relativ schnell wechselnden Phasen in Abfolgegestalten des Ausdrucks nehmen wir in den Gesichtszügen auch Gleichbleibendes wahr. Schon Befindlichkeiten wie Melancholie oder Ruhe, Freude oder Trauer verweisen auf sich länger durchhaltende Gestimmtheiten, sind aber immer noch wandelbar. Erst Aspekte wie die Gesichtsform oder die Hautfarbe, die wir der natürlichen Ausstattung eines Individuums zurechnen, bleiben mehr oder weniger konstant.

Manchmal glauben wir auch, dem Gesicht Grundhaltungen einer Person entnehmen zu können. Wenn wir beispielsweise sagen, jemand habe ein freundliches oder ein abweisendes, ein angespanntes oder ein entspanntes Gesicht, dann geht es nicht so sehr um die natürliche Ausstattung oder das einem bestimmten Tätigkeitsverlauf entsprechende Gesicht, das er in diesem Moment zeigt, oft meinen wir auch nicht nur den sich in besonderen Befindlichkeiten und Stimmungen durchhaltenden Ausdruck, wir bringen die Gesichtszüge vielmehr mit Charakterzügen in Verbindung und nehmen an, dass sich die wesentlichen Haltungen, die evaluativ-praktischen Selbst- und Weltbezüge im Gesicht eines Menschen eingeprägt haben. Wir unterstellen pathognomische Verfestigungen und Habitualisierungen.

Solche Verfestigungen lassen sich jedoch nicht mehr scharf von der natürlichen Ausstattung unterscheiden. Wenn wir charakteristische Ausdrucksgehalte der Alltagsmimik, die wir im Kommunikationsgeschehen sehr gut verstehen, auch in fixierten, relativ unveränderlichen Formen des Gesichts auszumachen versuchen, geraten wir entsprechend in eine Grauzone zwischen Pathognomik und Physiognomik. Wie sich noch näher zeigen wird, handelt es sich um die Grauzone, der auch ein mehr als problematisches Physiognomisieren einen großen Teil seiner »Evidenzen« entnimmt.

Gesicht und Person

Indem die Gesichtszüge als Züge und Ausdrücke eines bestimmten Individuums erscheinen, zeigen sie sich in einem inneren Zusammenhang, der all die genannten Punkte, die einzelnen Ausdrücke, die Abfolgegestalten, das Gleichbleibende, den Bezug zum Körper, zu den Anderen und zur umgebenden Welt umfasst. Nicht zuletzt durch diese Züge und Ausdrucksgestalten personalisiert sich ein Individuum für uns als dieser Andere.

Der Zusammenhang stellt dabei nicht erst eine im Nachhinein gegebene Summe dar, sondern er macht sich sogleich mit der Wahrnehmung des Gesichts geltend. Das Gesicht in seinem inneren Zusammenspiel sowie im Zusammenspiel mit dem Körper und den äußeren Gegebenheiten hat einen Anmutungscharakter, ihm eignet ein atmosphärisches »Eindruckspotenzial«.[10]

Dieses Potenzial ist für die Wahrnehmung einer Person von besonderer Bedeutung, ohne dass es selbst thematisch werden muss. Denn die Atmosphäre, die von einer Person ausgeht, ist etwas, das Situationen eintönt, das sich über alle Einzelheiten erstreckt, ohne selbst dinglich fassbar zu sein. Sie wird bemerkbar als eine besondere Weise, in der sich eine Person und die Dinge, die mit ihr zu tun haben, bemerkbar machen.

Gernot Böhme hat zum Studium von Atmosphären immer wieder Ingressionserfahrungen herangezogen, etwa das Hereinbrechen der Nacht, in dem die Anmutungen des Erfahrungsfeldes tiefgreifenden Wandlungen unterworfen sind.[11] Entsprechend ließe sich die Atmosphäre einer Person anhand der Verschiebungen beschreiben, die aus ihrem Auftreten resultieren.[12]

Die besondere Eindruckstiefe der atmosphärischen Anmutung des Gesichts lässt sich jedoch nicht nur am tatsächlichen Auftreten einer Person, sondern auch an Erinnerungsbildern ablesen, so wie das Atmosphärische beim Erinnern und Wiedererkennen ja überhaupt eine wichtige Rolle spielt. Bezeichnend ist dabei, dass Unschärfeanteile der Erinnerung nicht notwendig ein Hindernis darstellen, sondern oft gerade als Korrelate der wenig greifbaren, sich aber umso nachhaltiger einprägenden Atmosphären erscheinen.

Atmosphären sind der Erinnerung als besondere Stimmungsgehalte und Befindlichkeiten gegeben. Sie bilden den Hintergrund für das Auftauchen einer an Vielfalt und Plastizität oft nicht für möglich gehaltenen Erinnerungsfülle. Dabei vergegenwärtigen sie sich ihrerseits an unscheinbaren Einzelheiten. Man denke nur an den Geschmack des aufgeweichten Stücks Madeleine bei Marcel Proust, das eine Atmosphäre evoziert, die auf die ganze Reihe der Erinnerungsbilder des Romanzyklus' führt.[13]

Ein vergleichbares Verhältnis von Unschärfe und Detail kennzeichnet auch die Erinnerung an Gesichter. Hier erscheint meist nicht ein scharfes und vollständiges Bild, sondern eine bestimmte Gesichtspartie oder Linie, die zudem nicht ruhig und dauerhaft, sondern in einem ein- oder mehrmaligen Aufscheinen gegeben ist. Für den Moment nur gewinnt sie die Deutlichkeit, die ausreicht, um die atmosphärischen Gehalte hervortreten zu lassen.

Die Bilder von Gesichtern oder von einzelnen Gesichtspartien stellen im Medium solcher Gehalte Sammelpunkte dar, an die sich die Erinnerungen an Personen und die sich auf sie beziehenden Gedanken und Vorstellungen näher anschließen. Das Gesichtsbild als atmosphärisches Vorstelligwerden taucht zwischen den Gehalten immer wieder auf und verbindet sich mit ihnen und sie miteinander in der atmosphärischen Eintönung.

Die atmosphärische Kraft des Erinnerns zeigt sich ex negativo, wenn wir versuchen, die Vorstellung eines Gesichts festzuhalten, um sie weiter zu verdeutlichen. Die Einheit, die sich eben noch andeutete, löst sich auf. Einzelne Züge stehen nun nicht mehr für das ganze Gesicht, sondern treten isoliert hervor. Die von der besonderen atmosphärischen Unschärfe getragenen Gehalte verlieren ihre den Gesamtvorgang eintönende Kraft.[14]

Typisierung

Die sich so ergebenden Personenvorstellungen dienen auch als Schemata in der Wahrnehmung von unbekannten Personen. Das einem bekannten Gesicht zugewiesene Gesamtbild, die von ihm ausgehende Atmosphäre, die um es abgelagerten Erwartungen und Erinnerungen, die sich mit ihm verknüpfenden Phantasien, werden durch Gesichtsähnlichkeiten auf Unbekannte übertragen. Schon Lichtenberg hat diesen Vorgang beschrieben: »Sobald wir einen Menschen erblicken, so ist es allerdings dem Gesetz unseres Denkens und Empfindens gemäß, daß uns die nächstähnliche Figur, die wir gekannt haben, sogleich in den Sinn kommt und gemeiniglich auch unser Urteil bestimmt.«[15]

Typisierungen spielen im Alltagsleben ja insgesamt eine wichtige Rolle. Die Erkenntnis, dass es sich bei einer bestimmten Erscheinung um etwas handelt, das wir etwas Bekanntem, einer Klasse gleichartiger Erscheinungen zuschlagen können, vollzieht sich dort meist mit großer Routine und Geschwindigkeit. Die Typisierung verortet die Erscheinung in einem alltagspraktischen Deutungsrahmen und orientiert durch Regeln des Umgangs, die dem jeweiligen Rahmen entsprechen, ein gegenstandsadäquates Handeln.

Darauf, dass ein solcher Typisierungsmechanismus bei der Identifikation von etwas als Gesicht wirksam wird, ist schon hingewiesen worden. Es dürfte deshalb nicht überraschen, ihn hier nun auch auf einer spezifischeren Ebene anzutreffen. Der implizite Schluss, den Lichtenberg hervorhebt, ließe sich für den Alltagsumgang mit Unbekannten wie folgt explizieren: »X sieht Peter ähnlich, deshalb könnten die Regeln und Erwartungen, die sich im Umgang mit Peter herausgebildet haben, auch dem Umgang mit X angemessen sein.«

Wir messen dem ersten Eindruck, der unmittelbaren Anmutung große Bedeutung bei – im Grenzfall kommt es zur Evidenz eines »Wie Peter!«, das über längere Handlungssequenzen hinweg bestimmend bleiben kann. Jedoch schon die für den Explikationsversuch gewählte Formulierung verweist darauf, dass der spezifischere Schluss hier auch der hypothetischere ist: »Wir urteilen stündlich aus dem Gesicht und irren stündlich ... Jeder Mensch ist des Tages einmal Prophet.«[16]

Wenn wir aber alle einem solchen alltagspraktischen Physiognomisieren anhängen, sind wir dann nicht mehr oder weniger ungewollt Adepten einer zweifelhaften Disziplin? Die Antwort auf diese Frage ist beim weiteren Umgang mit den »Evidenzen« des ersten Blicks zu su-

Abb. 2: Auf der Suche nach dem »Mechanismus der menschlichen Physiognomie« – elektro-physiologische Experimente des französischen Mediziners
Guillaume Duchenne Mitte des 19. Jahrhunderts

chen. Die Ähnlichkeit der Züge evoziert zwar bestimmte Regeln und Erwartungen, aber diese geraten oft recht schnell unter Vorbehalt, ja, manchmal sind wir direkt schon auf Enttäuschungen und Modifikationen eingestellt.

Wenn sich gegenüber dem Ähnlichen etwas Divergierendes geltend macht, sind wir entsprechend bereit, das ursprüngliche Urteil zu revidieren. Als Vorurteil wird es Gegenstand einer bestimmten Negation, es dient zum Absprung in einen neuen Erfahrungsgang und erfährt dabei vielleicht sogar eine eigentümliche Rehabilitation. Denn falsche oder unvollständige Vorannahmen sind transitorisch notwendige Momente auch eines besseren oder angemessenen Verstehens, ohne sie gäbe es keinen Zugang zum Kommunikationspartner bzw. zum Verstehensgegenstand. Böhme hat diese von Gadamer hervorgehobene Einsicht in seiner kritischen Erörterung der Physiognomik fruchtbar gemacht: »Die physiognomische Einschätzung neuer Partner schafft eine gemeinsame Situation und modifiziert die Weise des Kommunizierens. Bedenklich wird diese nur, wenn die dabei wirksamen Intuitionen als Wissen vom Charakter des Kommunikationspartners festgehalten und fixiert werden.«[17]

Genau hierin besteht eines der Hauptprobleme des »emphatischen« Physiognomisierens, wie es im deutschsprachigen Raum spätestens seit Lavater betrieben worden ist. Immer wieder verstieg man sich zu der Behauptung, dass die Gesichtszüge für sich schon entscheidenden Aufschluss über »Charakter« und »Wesen« einer Person liefern.

In Schopenhauers Einlassungen zum Thema wird besonders deutlich, welche Abstraktionen dabei zum Tragen kommen: das Gesicht eines Menschen soll aussagen, »was er ist«, aber nicht das Gesicht im Kontext des weiteren Umgangs, sondern der »erste Anblick«. Dieser allein soll den »rein objektiven Eindruck« vermitteln, der zur Erkenntnis eines Menschen unerlässlich sei, während alle weitere Kommunikation, ja, schon die mit dem Reden verbundene pathognomische Belebung mögliche Einsichten verfälsche.[18]

Stellvertretend für viele Ansätze zeigt sich hier, wie die Physiognomik flüchtige Evidenzen des »ersten Augenblicks« für sich zu mobilisieren versucht. Sie hält sich an alltagspraktische Typisierungen, immunisiert diese jedoch gegen die weitere Einsicht. Sie unterschlägt die Kommunikation bzw. unterlegt sie mit einem Vorurteil, das sie der Korrektur entzieht.

Während Schopenhauer aber zumindest noch die ursprüngliche körperliche Anwesenheit des Physiognomisierten vorauszusetzen scheint, abstrahieren andere Physiognomiker noch radikaler vom Kontext. Sie begnügen sich mit der Abbildung eines Gesichts oder – wie Lavater – sogar nur mit der Zeichnung der Profillinie. Daran soll sich – dem Prinzip nach sogar mit mathematischer Sicherheit – erkennen lassen, was es mit einer Person auf sich hat. Entsprechend geht es auch dem Anspruch nach nicht mehr nur um die Übertragung individueller Erfahrungen, sondern um »wissenschaftliche« Generalisierung. In den Evidenzen des ersten Augenblicks soll der Zugang zu einer Gesetzeserkenntnis liegen – wobei das Verfahren unter der Hand seinen Gegenstand generiert: Lavaters immer wiederkehrende Frage nach dem Charakter abgebildeter Personen dient nicht zuletzt der Einübung und Verallgemeinerung eines physiognomischen Blicks.

Die Physiognomik wehrt auf verschiedene Weise ab, was an Offenem und Widersprechendem hinzutritt und bleibt beim Ausgangspunkt. Angesichts der Vielfalt der Erscheinungen erweist sie sich als eine Kunst des Déjà-vu. Sie präsentiert, was sich vage und flüchtig, doch nachhaltig genug darbot, um in fixierter Form als »tiefere« Einsicht zu gelten. Sie lebt dabei vom genialisch-intuitiven oder vom wissenschaftlichen Gestus, sie spricht aus, was man irgendwie »ahnte«, was an einem Gesicht »von Anfang an« missfiel. Sie überspringt die Zeit und das Gespräch: »Wenn nun aber späterhin die schlimmen Gelegenheiten sich einfinden, da erhält meistens das Urtheil des ersten Blicks seine Rechtfertigung [...]«[19]

Die Physiognomik hat auf verschiedene Weise Anteil an einem schlechten Zirkel des Vorurteils. Einmal restringiert sie die weitere Erfahrung, indem sie ein Vorverständnis gegen alles Widersprechende immunisiert – es wird nur sichtbar, was mit dem ursprünglichen Deutungsschema zusammengeht. Zum andern setzt sie soziale Wirklichkeit. Indem sie in den physiognomischen Blick einübt, konstruiert und verbreitet sie ein umfassendes Deutungsschema der Welt. Als »Ausspähkunst des Inneren im Menschen vermittelst gewisser äußerer unwillkürlich gegebener Zeichen«[20] beinhaltet sie ein Etikettierungsverfahrungen, das in die Lebensvollzüge der ihr Unterworfenen massiv eingreift. Bereits der physiognomische Blick kann eine beobachtete Situation schaffen. Vor allem aber gehen physiognomische Aussagen über »Wesens«- und »Charaktereigenschaften« nicht ohne Weiteres mit den Selbstbeschreibungen der von ihnen Betroffenen überein. Verschiedenste Reaktionen werden nötig, die der Physiognom wiederum in Übereinstimmung mit dem bringen kann, was er seinem Untersuchungsgegenstand ursprünglich zu entnehmen vorgab. Physiognomik wird zur

»selffulfilling prophecy«. Der von ihr beschriebene »nervöse Typ« generiert die Nervosität eines entlang des physiognomischen Schemas beobachteten Individuums. Das Vorurteil verbirgt sich hinter einer Wirklichkeit, die der Physiognom, indem er sie nur abzubilden vorgab, überhaupt erst schuf.[21]

Die Topologie des »Innen« und »Außen«

Eine Rede in Termini des »Innen« und »Außen« ergibt sich im Kontext der Wahrnehmung von Gesichtern fast wie von selbst. Sie erscheint nicht als wohldefinierte Begrifflichkeit, sondern eher als Verweis auf einen impliziten Deutungsrahmen. Um weitere, den Wahrnehmungen von Gesichtern vorausliegende Bedingungen und einige der sich an sie anschließenden Probleme zu verdeutlichen, soll diesen rahmenbildenden Alltagskonzepten näher nachgegangen werden.

Dem Deutungsrahmen, den die Rede vom »Innen« und »Außen« umreißt, dürfte eine bestimmte Appräsentation beim Wahrnehmen eines Anderen entsprechen, eine Mitvergegenwärtigung des mir nicht zugänglichen Aspekts durch die Analogisierung mit etwas aus der Selbsterfahrung her Bekanntem:[22] Ich spüre, wie mein Körper, in dem ich fraglos schalte und walte, in bestimmten Regungen des Gesichts ausläuft, und ich sehe, wie das Gesicht des Anderen bestimmte Regungen zeigt, die ich mit seinem Körper in Zusammenhang bringe, auch wenn der Zusammenhang selbst mir nicht direkt gegeben ist. Als eine Leerstelle meiner Wahrnehmung wird die körperliche Selbstgegenwart des Anderen analogisch mitvergegenwärtigt, wobei sein Gesicht so mit seinem Körper zusammengebracht wird wie mein Gesicht mit meinem Körper. Zu dem, was sein Gesicht nach »außen« zeigt, addiere ich ein dem eigenkörperlichen Spüren analoges »Innen«.

Eine weitere wichtige Differenzierung der rahmenbildenden Konzepte tritt hervor, wenn wir näher bedenken, wie die Appräsentation Leerstellen auffüllen soll. Wir wissen nicht mit Sicherheit, ob die unterstellte Kontinuität von »Innen« und »Außen« tatsächlich besteht, ob der Gesichtsausdruck des Anderen tatsächlich seinen inneren Zuständen und Bestrebungen entspricht. Als Appräsentierende können wir uns irren oder getäuscht werden. Das gilt auch für Zustände und Vorgänge wie körperlichen Schmerz oder starke Gefühle, die so überwältigend sind, dass sie einen Ausdruck erzwingen. Denn selbst wenn die jeweiligen Ausdrücke erzwungen werden können, so sind sie in ihrem Auftreten doch nicht ausschließlich an die erzwingenden Voraussetzungen gebunden. Die Alltagsrede vom »Innen« und »Außen« hält entsprechend ein Doppeltes fest, eine Kontinuität, die prinzipiell Rückschlüsse vom »Äußeren« auf das »Innere« erlauben soll, und gegenläufig hierzu eine Diskontinuität, die diesen Rückschlüssen ihre Unabweisbarkeit nimmt – Rückschlüsse vom »Äußeren« auf das »Innere« bleiben hypothetisch.

Im Kontext dieser Doppelung ist es aufschlussreich, die Seite der Diskontinuität vor dem Hintergrund kulturhistorischer Bestimmtheiten zu betrachten. Das, was als ein gegen das »Außen« profilierter »Innenbereich« angesprochen werden kann, ist grundlegenden Wandlungen unterworfen und hat sich in der uns geläufigen Form in einer wechselvollen Geschichte herausgebildet.

Ein wichtiger Einschnitt kann dabei in der Gegenüberstellung des »homerischen Menschen« und eines »inneren Menschen« ausgemacht werden. Der homerische Mensch, wie er vor allem in der *Ilias* auftritt, erscheint weniger als »Täter seiner Taten«, sondern eher als ein »Gefäß der Götter«, getrieben von dem, was ihn als ein göttliches Wirken durchzieht. Demgegenüber erscheint Sokrates als »Autor des inneren Menschen«. Die Forderung nach Selbstsorge, eine neue Tugendkonzeption, die kritische Prüfung der Handlungsmotive führt auf eine Innerlichkeit und Eigenverantwortlichkeit, die eine Diskontinuität zum »Außen« akzentuiert.

Die den Wahrnehmungen von Gesichtern vorausliegenden rahmensetzenden Bedingungen führen uns zu den mit ihnen verbundenen Problemen, wenn wir uns Böhmes hier ansetzende Kritik an der Physiognomik vergegenwärtigen. Nachdrücklich hat Böhme darauf hingewiesen, wie es bereits hier zu einer Problemkonstellation kommt, die einen Ausgangspunkt emphatischer Physiognomik markiert: Das Physiognomisieren »setzt zwanglos eine Einheit des Inneren und Äußeren voraus; in dem Moment aber, wo es auf einen Menschen wie Sokrates trifft, ist die Einheit nicht mehr selbstverständlich.« Die Praxis des Physiognomisierens muss nunmehr »zur Kunst entwickelt werden und bedarf einer Theorie, die den Schluss aus den äußeren Merkmalen auf den inneren Menschen rechtfertigt.«[23]

Die Bewegung hin zum »inneren Menschen« ist – durch das Christentum und insbesondere die augustinische Platonlektüre vermittelt – zu einer der Hauptlinien der abendländischen Kulturgeschichte geworden. Bis zu Descartes wird eine dem Körper gegenüber eigenständige

Entität mit dieser Innerlichkeit identifiziert.[24] Das »Innere« als eine Handlungsfreiheit und Selbstsorge ermöglichende, aber auch selbstrepressiv kontrollierende Instanz gerät in Opposition zur Äußerlichkeit einer sich linear-kausal fortbestimmenden Welt, ja, zum eigenen Körper, wobei sie sich über vorgeblich unüberwindliche substanzielle Prägungen zu erheben versucht.

Ausgehend von der Innen/Außen-Differenz ergibt sich eine weitere Pointe in Böhmes Kritik an der Physiognomik, die ihr eine eigentümliche Verfehlung des Gegenstandsbereichs vorhält. Denn das ihr angemessene Betätigungsfeld findet sie nicht im Ausspähen des »Innern« im Alltagsumgang, sondern in den darstellenden Künsten: »In der Schauspielkunst wird physiognomisches Wissen bewußt eingesetzt. Charaktere werden durch ›Charaktermasken‹ auf die Bühne gebracht, Gefühle und Affekte durch Mienen- und Gebärdenspiel sichtbar gemacht.« Wir haben es mit einem Kontext zu tun, »in dem in gewissem Sinne der Unterschied von innerem und äußerem Menschen nicht gemacht werden kann, vielmehr liegt hier tatsächlich der Charakter in den Charakterzügen.«[25]

Bezeichnend für die beiden zulässigen Betätigungsfelder des Physiognomisierens, die Böhme beschreibt, erweisen sich »als-ob«-Vorbehalte. In der legitimen Vorurteilsstruktur der Kommunikation erscheinen physiognomische Annahmen als jederzeit falsifizierbare Hypothesen, in der Schauspielkunst erscheinen sie im Deutungsrahmen eines Spiels. In keinem der Fälle wird also eine unmittelbare Gültigkeit im alltagspraktisch verbindlichen Deutungsrahmen der »wirklichen« Realität unterstellt.[26]

Die Aporien, in die die Physiognomik gerät, könnten dazu angetan sein, nicht nur ihr selbst, sondern auch der Topologie des »Innen« und »Außen«, an der sie sich entzündet, den Boden zu entziehen. Eine solche Konsequenz läge nicht nur auf der von Nietzsche in den Poststrukturalismus führenden Linie der philosophischen Diskussion, sondern scheint auch bei Böhme angelegt zu sein. Dies wäre insofern konsequent, als seine Atmosphärenästhetik in einer Linie steht, die von einer Kritik am punktuellen Bewusstseins-Ich als Statthalter des »Innen« ihren Ausgang nimmt, um zu einer Ausweitung in körperphänomenologischer Perspektive und schließlich zu einem Zwischenbereich des Atmosphärischen zu gelangen, der mit der Topologie des »Innen« und »Außen« nicht mehr erfassbar ist.

Es wäre jedoch zu fragen, inwieweit der Schritt über diese Topologie hinaus nicht auch die Physiognomikkritik depotenziert. Denn ein im

»Außen« nicht aufgehendes »Innen« ist seit Sokrates ihr wichtigster Haltepunkt. Eine irreduzible Instanz des Umdeutens und Neumachens wird dabei dem deterministischen Ausgangspunkt der Physiognomik entgegengehalten, um an der grundsätzlichen Insuffizienz ihrem Gegenstand gegenüber das prinzipiell Fragwürdige ihres Vorgehens zu verdeutlichen. Es handelt sich um schöpferische Fähigkeiten des Veränderns und Neuperspektivierens, die auch eine so radikale Subjektkritik wie die von Nietzsche noch unterstellen muss, wenn der Gestus des Umwertens sich nicht selbst aufheben soll.

Ein weiterer Grund, der dafür spricht, einige der in dieser Topologie angelegten Verhältnisbestimmungen beizubehalten, liegt in anschaulichen Gegebenheiten der alltäglichen Kommunikation. Einmal sind der Körper und insbesondere das Gesicht wesentliche Momente direkter Kommunikation. Soll der Dialog nicht auf einen entkörperlichten verbalen Austausch reduziert werden, so sind die nichtverbalen Mittel als Momente sinnvollen Mitteilens zu berücksichtigen. Sie haben eine Ausdrucksfunktion. Auch wenn sie sich nicht darauf beschränken, Anhängsel eines »innerlich« Vorgeformten zu sein, sondern an der Formung der Mitteilung selbst teilhaben, bleibt eine Restintentionalität, die sie alltagspraktisch einbindet.

Diese Einbindung ist zudem als Unterbindung in Rechnung zu stellen, als Phänomen des Verbergens und des Nichtausdrucks. Die Innen/Außen-Differenz, wie sie im Schauspiel wirksam ist, wird dabei auf den Trug hin überschritten: Das Spiel soll die Klammer des »als-ob« überspielen, es soll dem Dargestellten im Deutungsrahmen der »wirklichen« Realität Geltung verschaffen. Die Mimik hat so nicht nur einen spielimmanenten Sinn, sondern soll auch den Spielcharakter verbergen. Die Kohärenz der Ausdrucksmittel soll Authentizität verbürgen, wo es darum geht, die Diskrepanz zwischen tatsächlicher und dargestellter respektive unterstellter Absicht zu verdecken. Die Rede von einem »Innen« wird zum Platzhalter für jene Instanz, die ihre Absichten verbergen kann, sie fasst einen Aspekt kommunikativer Intransparenz.

Körperliche Anverwandlung

Diese Intransparenz spielt wiederum im Hinblick auf das Gesicht eine wichtige Rolle, und zwar gerade deshalb, weil wir unterstellen, dass wir es hier mit einem Organ der »Aufrichtigkeit« zu tun zu haben. Jemandem »ins Gesicht lügen« erscheint verwerflich, ein starker Vorsatz oder spezielle Einübung werden vorausgesetzt. Der moralische Affekt, mit dem wir reagieren, hat eine Kontinuität zwischen Ausdruck und Wahrheitsgehalt zu seinem Hintergrund, auf die wir uns in den Alltagskommunikationen verlassen.

Entsprechend nachdrücklich verweist dieser Vorgang auf die Rolle des Gesichts in unseren Wechselbezügen. Er macht geltend, dass wir uns auf die Anderen nicht nur und nicht in erster Linie als distanzierte Beobachter, sondern als Kommunikationspartner beziehen. Beim Gesicht handelt es sich um einen der wichtigsten kommunikativen Kanäle überhaupt. Der Ausdruck »face-to-face«-Beziehung deutet dies an, wenn er gegenüber dem sachlich-distanzierten Beobachterstandpunkt die Fülle des direkten Wechselbezugs akzentuiert.

Um die Differenz zwischen beiden Perspektiven zu verdeutlichen, soll zunächst der Annäherung nach dem Modell der analogischen Appräsentation weiter nachgegangen werden. Die Wahrnehmung des Gesichts in der Begegnung erscheint dabei als eine sich in gedoppelter Weise *über Kreuz* vollziehende Analogisierung.

Das Gesicht des Anderen zeigt diesem Modell zufolge ja etwas nach »außen«, zu dem ich – eine Leerstelle der Wahrnehmung ausfüllend – ein dem eigenkörperlichen Spüren analoges »Innen« hinzuaddieren kann. Dem ist nun hinzuzufügen, dass ich auch im Hinblick auf mich selbst eine Leerstelle auffülle. Ich kann zwar spüren, wie mein Körper in bestimmte Gesichtsregungen ausläuft, doch üblicherweise sehe ich diese nicht. Aber nicht zuletzt die sichtbaren Regungen des Anderen verdeutlichen mir immer wieder, dass auch ich etwas nach außen zeige, das ich als einen seinen Gesichtsregungen analogen bildlichen Vorstellungsgehalt zu meinem eigenkörperlichen Spüren hinzuaddieren kann. So wie der Andere zeige auch ich nach »außen« ein Gesicht.

Zu einer Begegnung, die allerdings bei der Wechselseitigkeit distanzierter Beobachtung stehen bleibt, gelangen wir, wenn wir uns eine Analogisierung vergegenwärtigen, die auch insofern über Kreuz läuft, als beide Partner sie gleichzeitig im Verhältnis zum jeweils Anderen vornehmen und dabei jeweils komplementäre Leerstellen des Sehens und Spürens auffüllen: jeder spürt den eigenen Körper, ohne das eigene Gesicht zu sehen; jeder sieht das Gesicht des Anderen, ohne dessen Körper eigenkörperlich zu spüren. In der Folge füllt jeder seine Wahrnehmung auf, indem er das Nicht-Gespürte und Nicht-Gesehene appräsentiert.

Mit der so beschriebenen Appräsentation ist die Ebene der Begegnung jedoch auf nur sehr reduzierte Weise erreicht. Aus der Perspektive bloßen wechselseitigen Beobachtens heraus bleiben die Beteiligten auf Distanz. Demgegenüber sind Wechselseitigkeitsverhältnisse dadurch ausgezeichnet, das wir darin auf jemanden reagieren, der sich auf uns als jemanden richtet, der auf ihn gerichtet ist. Es entsteht eine intersubjektive Zirkularität, ein Beziehungsgefüge, in dem wir gemeinsam stehen und das nur durch wechselseitige Bezugnahmen zustande kommen kann.

Diese Wechselseitigkeit ließe sich als eine weitere Reflexivierung im Rahmen der analogischen Appräsentation beschreiben. Das Schließen, in dem wir das, was wir vom Anderen sehen, mit dem eigenkörperlichen Spüren zusammenbringen, erreicht dabei eine neue Ebene. Wir wissen nun, dass der Andere uns in ähnlicher Weise sieht wie wir ihn sehen, und das auch die appräsentativen Akte vom jeweils anderen mitappräsentiert werden. Der Andere sieht mich als jemanden, der durch das eigenkörperliche Spüren hindurch die seinen Gesichtsregungen entsprechenden Affekte, Gefühle und Befindlichkeiten analogisch mit vergegenwärtigt – und umgekehrt. Wir wissen im Umgang miteinander von jener appräsentativen »Innensicht«, die wir uns durch den Gesichtsausdruck wechselseitig gewähren.

Diese Zirkularität umfasst wesentlich auch Annahmen über Fähigkeiten und Werthaltungen, die sich im Verlauf der Begegnung konkretisieren. In der Regel gehen wir davon aus, dass der jeweils Andere ebenso über menschliche Handlungsfähigkeiten verfügt wie wir selbst und dass gemeinsam geteilte moralische Normen existieren, nach denen diese Fähigkeiten im Umgang miteinander zur Geltung kommen. Wir unterstellen auch, dass der Andere über Sprachfähigkeiten verfügt und sich in einem Verweisungssystem sprachlicher Bedeutungen zu bewegen weiß, sodass ein sprachlicher Austausch möglich ist.

Das bis zu diesem Punkt entwickelte Modell der analogischen Appräsentation hat jedoch eine wesentliche Schwäche. Sie besteht nicht nur darin, dass es die Ebene des Sprachlichen »zu spät« einführt, wie ihm verschiedentlich vorgehalten wurde, sondern auch darin, dass es insgesamt ein rationalistisch-identifikatorisches Verfahren zugrunde legt, so, als wäre unser Verhältnis zum Anderen vor allem durch das logische Schließen bestimmt. Demgegenüber ist die wesentlich affektive, sich über die körperliche Einstimmung herstellende Verbindung hervorzuheben, vor deren Hintergrund sich die analogischen Appräsentationen über weite Strecken als analytische Rückgriffe erweisen, die einen vorgängig konstituierten Zusammenhang bloß thematisch werden lassen.

Die fundamentale Rolle der leiblichen Einstimmung wurde von der Psychologie der frühen Intersubjektivität, die sich mit den anfänglichen Mutter-Kind-Beziehungen beschäftigt, detailliert beschrieben. Vor allem Daniel Stern hat in den letzten Jahren mit seinen Furore machenden Untersuchungen[27] gezeigt, welche Rolle die über Gesichtsausdrücke hergestellte Verbindung zwischen primärer Betreuungsperson und Kind für die Entwicklung des Kindes spielt. Es entsteht die Möglichkeit einer gemeinsamen Steuerung der Begegnung, in deren Rahmen das Kind elementare praktische und interaktive Fähigkeiten erwirbt.

Auch in den sonstigen Alltagsbegegnungen beziehen wir uns durch Gesichtsausdrücke und Körperhaltungen in oft sehr fein abgestimmter Weise aufeinander. Zustimmung, Interesse und Zuwendung werden in ihnen ebenso deutlich wie Ablehnung, Wut oder Langeweile. Im Hin und Her des intersubjektiven Zirkels springen die Haltungen und Ausdrücke über, um wie auch immer modifiziert an den Ausgangspunkt zurückzukehren.

Hermann Schmitz hat die schon von Sartre und Merleau-Ponty hervorgehobene Interkorporalität als »Einleibung« akzentuiert.[28] Ein Beispiel hierfür bietet das Tanzfest: Die noch förmliche Stimmung des Anfangs lockert sich zunehmend auf, die Bewegungen werden leichter und stimmen sich immer reibungsloser aufeinander ab, sie werden aber auch ausgelassener und gelangen vielleicht bis in jene Bereiche rauschhafter Spontaneität, die unsere Kultur lange tabuisierte.

In all diesen Beziehungen dürfte nicht die logisch-analytische Vergegenwärtigung, sondern ein Phänomen des »Überspringens« grundlegend sein. Die Körperhaltung und der Gesichtsausdruck erschließen sich primär nicht von einem distanzierten Beobachterstandpunkt, sondern durch eine mimetische Anverwandlung, die sie dem eigenkörperlichen Spüren gegenwärtig macht. Es geht nicht um eine Addition, bei der ich dem Ausdruck des Anderen ein eigenkörperliches Spüren analogisch hinzufüge. Die Intensität von Gesichtswahrnehmungen im Zuge von Begegnungen beruht auf einer anderen Kopplung des Sehens und Spürens. Die Anverwandlung, so wie sie in der Zirkularität der Begegnung gegeben ist, betrifft nicht einen »äußerlichen« Bildgehalt, den ein schließender Verstand mit dem eigenkörperlichen Spüren verbindet, sondern ist grundlegender die eines körperlichen Gegebenseins. Sie hat sich am Eigenkörperlichen schon manifestiert, bevor die verständige Operation ihre Posten addiert – was von hier aus eigentlich heißen soll: auseinander dividiert. Die mimetische Anverwandlung ist fundierend für die analogische Appräsentation. Der Bildgehalt hat bereits einen eigenkörperlichen Akzent, die Verbindung besteht vor der unterstellten Verbindungsoperation, letztere muss erst wieder auseinander reißen, was sie verbinden will.

Das eigene Gesicht spielt im Vorgang der Anverwandlung eine zentrale Rolle. Es ist die wohl differenzierungsfähigste Eindrucksfläche des mimetischen Spürens. Der Gesichtsausdruck des Anderen erscheint dabei nicht als ein räumlich Distantes, von dem erst ein Schluss überzeugen muss, dass es mit seinem Körper so zusammenhängt, wie die Regungen des eigenen Gesichts mit dem eigenkörperlichen Spüren, sondern die Anmutungen des anderen Gesichts und Körpers sind bereits in die Innenspannung des eigenen Gesichts und Körpers eingewandert. Sehen ist hier schon Sich-Anverwandeln, die Wertungen, Stimmungen und Gefühle, die der Andere zeigt, sind ohne vermittelnde Verstandesoperation kenntlich, sie springen über und formen sich unwillkürlich nach.[29]

Alterität

Die analogische Appräsentation und die mimetische Anverwandlung stehen für verschiedene Arten des Zugangs zum Anderen, für Beobachtung und Begegnung als unterschiedlich distante Modi des Bezugs. Doch in beiden Fällen wird unterstellt, dass ein Zugang möglich ist, und dass er mehr umfasst als die bloße Projektion eigener Zustände. Demgegenüber wurde auf Erfahrungen verwiesen, die in mehr oder weniger engem Zusammenhang mit dem Gesicht stehen und dabei die Eigenständigkeit und Alterität des Anderen akzentuieren. Der Kontinuität und Transparenz des Zugangs sind Transzendenzen entgegengesetzt, die den Anderen radikaler dem Eigenbereich entziehen. Entsprechend radikal erscheint auch die Gegenüberstellung zu einem identifizierenden Denken, wie es in der fixierten Vorurteilsstruktur der Physiognomik angelegt ist.

Zwei fast spiegelbildliche Positionen, die sich dabei auf einen ganz ähnlichen Problembestand beziehen, finden wir bei Sartre und Lévinas. Lévinas stellt sich mit seinem Versuch, die Andersheit des Anderen zu denken vor allem in Opposition zu einem identifizierenden Denken, dem er Hegels Geschichtsteleologie, Husserls Ausgang von der transzendentalen Subjektivität und vor allem auch Heideggers Primat der Ontologie zuordnet. Ja, er macht eine Tradition des identifizierenden,

Andersheit ausschließenden Denkens aus, die das abendländische Denken tiefgreifend geprägt haben soll. Mit seiner Gegnerschaft gegen das identifizierende Denken, das Denken des Selben oder der »Totalität« steht Lévinas in einer Linie des Denkens der Differenz.

Das »Mehr, das immer außerhalb der Totalität ist«, das außerhalb meiner Setzungen bleibt, dessen Wahrheit sich nicht auf ein nur transitorisches Moment des Geschichtsprozesses reduziert, jene »Transzendenz im Verhältnis zur Totalität«, will Lévinas mit dem Begriff des »Unendlichen«[30] geltend machen, eines Unendlichen, dass sich in seiner Andersheit als »Antlitz« offenbart: die Situation, »in der die Totalität zerbricht« und das Unendliche aufscheint, ist für ihn »das Erstrahlen der Exteriorität oder der Transzendenz im Antlitz des Anderen.«[31]

Hier wird auch der Gegensatz zu Heidegger besonders deutlich. Denn für Lévinas ist es nicht eine vorgängige Seinserschlossenheit, von der her Seiendes allererst sinnhaft auftauchen kann, die Beziehung zu einem Seiendem, dem Anderen als Antlitz, geht vielmehr der Enthüllung des Seins voraus. Die Offenbarung des Antlitz', durch die mir der Andere in seiner Not und Bedürftigkeit gegenwärtig ist, soll etwas vor der identifizierenden Seinserschlossenheit zur Geltung bringen, durch die alles in meine Deutungshorizonte eingeschlossen wird, vor dem kulturellen Totum, vor der Semiotik der Affekte, die jeden möglichen Ausdruck präokkupiert. Der Andere als Antlitz soll die Typisierungen und Festlegungen unterlaufen, durch die die Erfahrungen, die ich von ihm habe, immer schon vorherbestimmt sind. Die Gegenwart des Antlitz' als Einschlag der Andersheit ist die Offenbarung einer Transzendenz, die gegenüber dem bloß selbstischen Blickwinkel die ethische Perspektive ermöglicht. Von ihr her wird die Ethik, nicht die Ontologie zur philosophischen Fundamentaldisziplin.

Lévinas Rekurs auf das Antlitz als eine transzendente Dimension kann als phänomenologisches Komplement bzw. moralphilosophische Alternative zu dem Ansatz verstanden werden, den Sartre durch den Aufweis einer »weltjenseitigen« Transzendenz im »Blick« des Anderen entwickelt. Denn ausgehend von der Solipsismusproblematik geht es auch Sartre um eine Erfahrung des Anderen, in der dieser sich in seiner Alterität geltend macht und sich nicht schon umstandslos meinem Deutungshorizont einfügt. Bereits in *Das Sein und das Nichts* wird – seinerseits gegen Hegel, Husserl und Heidegger – die entsprechende Problemkonstellation beschrieben.

Um der Fremdexistenz Evidenz zu verleihen und der Gefahr des Solipsismus zu entgehen, versucht Sartre eine innere Seinsverbindung zwischen den Individuen aufzuweisen. Dies ist nicht möglich, solange der Andere als mein Objekt erscheint. Sartres Grundgedanke besteht darin, die am äußerlichen Modus der Erkenntnis orientierte Beziehung zwischen mir als Subjekt und dem Anderen als Objekt zu unterlaufen, indem er diese Relation umkehrt. Das »Vom-Anderen-gesehen-werden« liefert hierzu das Modell. Es impliziert eine Erfahrung, die sich »weder vom Wesen des Objekt-Anderen noch von meinem Subjekt-Sein ableiten« lässt.[32] Der Andere, der mich sieht, vergegenständlicht mich und verliert für mich gleichzeitig seine Gegenständlichkeit. Er modifiziert dabei meine Selbstbeziehung in einer Weise, die keinen Zweifel über seine Existenz und Anwesenheit bei mir zulassen soll.

In seiner berühmten Untersuchung des Blicks beschreibt Sartre aus der Ego-Perspektive eine Situation, in der sich das »Vom-Anderen-gesehen-werden« in prekärer Weise realisiert: Ich spähe durch ein Schlüsselloch und gehe zunächst in meiner Handlung voll auf. Die Art meiner Selbstgegebenheit ist präreflexiv, kein »Ich« erscheint, das meine Handlung »erkennen« oder beurteilen würde. Die Situation verändert sich schlagartig, wenn mir durch irgendwelche Anzeichen klar wird, dass man mich beobachtet. Unter dem Blick des Anderen beziehe ich mich nicht mehr in der permanenten selbstbegründenden Bewegung auf mich, in der ich mich ständig überschreite, bin, was ich nicht bin, und nicht bin, was ich bin, sondern »insofern ich meinen Grund außerhalb von mir habe«.[33] Der Blick des Anderen legt mich vielmehr auf ein bestimmtes Sein fest, das des Neugierigen oder Eifersüchtigen, das ich in erstarrter Weise nun »bin«.

Dieses mir zugesprochene Sein erfahre ich nicht in einem distanziert-reflexiven Akt, sondern unmittelbar, in der *Scham*, die ich unter dem Blick des Anderen empfinde. In ihr manifestiert sich mein Sein für mich in der vom Anderen festgelegten Weise: »Die Scham aber ist ... Scham über *sich*, sie ist *Anerkennung* dessen, dass ich wirklich dieses Objekt *bin*, das der Andere anblickt und beurteilt.«[34]

»Blick« und »Antlitz« stehen für zwei Ausgangspunkte, von denen her Sartre und Lévinas einer in ähnlicher Weise wahrgenommenen philosophischen Problemkonstellation unterschiedlich begegnen. Sartre hebt den Aspekt der Verdinglichung durch den Einschlag des Blicks des Anderen hervor: Der Andere durchkreuzt meine Projekte mit seiner Projektivität, ein unaufhebbarer Kampf der Bewusstseinsindividuen ist die Folge. Lévinas betont dagegen den Übergang von einer bloß selbstbezüglichen Willkürfreiheit zu einer verantwortlichen Freiheit, die mir die Gegenwart des Anderen ermöglicht. Nicht der Kampf der Bewusstseinsindividuen im Gefolge des »Blicks« ist das Primäre, sondern – weniger dramatisch – die in der Offenbarung des Antlitz' gründende »Brüderlichkeit«.[35] Vielleicht auf Kosten der Schärfe seiner phänomenologischen Analysen bezieht Lévinas hierdurch einen moralphilosophisch akzeptableren Ausgangspunkt – dem der späte Sartre sich im Übrigen annähert.

Auch wenn bei Sartres Einschlag des Blicks »Anzeichen« einer Anwesenheit des Anderen genügen, so haben wir es hier ebenso wie bei Lévinas' Offenbarung des Antlitz' mit einer Alteritätserfahrung zu tun, die eng mit dem menschlichen Gesicht zusammenhängt. Denn dem Gesicht des Anderen wird das Blickvermögen zugeordnet, selbst wenn es im Moment des Blickens meinem objektivierenden Tun entzogen ist. Es steht in eminenter Weise für die Möglichkeit des Blickens, es wird wie das Antlitz bei Lévinas zum Merkpunkt des Einschlags einer meine Deutungshorizonte überschreitenden Andersheit.

Die Alterität bei Sartre und Lévinas konterkariert nicht zuletzt die Ansprüche des emphatischen Physiognomisierens. Denn im Zusammenhang mit dem Gesicht wird hier etwas offenbar, das gerade auch den physiognomisch verengten Deutungshorizont unterläuft. Blick und Antlitz führen auf eine Fundamentalkritik der Physiognomik, indem sie an deren Gegenstand eine Alteritätsdimension hervorkehren, die diese nicht zulassen kann. Sie offenbaren die Differenz, die der Physiognomik den Strich durch die Rechnung macht.

Die Starre der Maske

Unsere Erfahrungen mit Gesichtern reichen von der körperlichen Selbstgegenwart bis hin zu den Transzendenzen von »Blick« und »Antlitz«, durch die sich der Andere in seiner Eigenheit geltend macht und entzieht. Sie umfassen unthematische Gegebenheiten des Alltags ebenso wie jenes Überschießende, das die Gegebenheitsweisen selbst, die vorgefügten Erfahrungshorizonte übersteigt.

Der Weg von den alltäglichen und weniger alltäglichen Erfahrungen mit Gesichtern führt im Weiteren zur Maske. Es wird sich zeigen, dass die Maske ihre Wirkung vor allem aus einem Spannungsbezug zum Gesicht bezieht. Als der Gegenstand, der ein Gesicht gleichzeitig darstellt und verhüllt, ist sie Teil eines Verweisungssystems, das auf den Erfahrungen mit Gesichtern gründet.

Die Verweisungen ergeben sich aus einem Verhältnis von Gleichheit und Ungleichheit. Die Maske zeigt bestimmte Züge des Gesichts, während sie uns dessen Regungen vorenthält. Letzteres führt auf signifikante Unterschiede. Die Starre der Maske bringt die Bewegungen, die das lebendige Gesicht zeigt, ganz oder teilweise aus dem Spiel, sie zeigt von sich aus keinen Wechsel der Ausdrücke, die bestimmte Aktivitäten, Wahrnehmungen, Körperempfindungen, Gefühle und Affekte begleiten. Vielmehr bedarf es der besonderen Kunstfertigkeit des Maskenspielers, um entsprechende Wirkungen zumindest annäherungsweise hervorzubringen.

Doch auch die Starre der Maske erscheint nicht als etwas dem Gesicht prinzipiell Unvergleichbares. Sie wird von ungewöhnlichen Gesichtsausdrücken her wahrgenommen, die Ähnlichkeiten mit ihr aufweisen. Die »maskenhafte Starre«, die das Gesicht selbst annehmen kann, bestimmt wesentlich auch die Wahrnehmung der Maske.

Das Verhältnis von Gleichheit und Ungleichheit zwischen Gesicht und Maske impliziert eine Zirkularität des Verweisens und wird dadurch Teil eines komplexer gegliederten Verweisungssystems. Darin verfremdet die Starre der Maske das Gesicht, insofern dieses durch die Starre seiner eigenen Ausdrücke verfremdet werden kann, insofern es selbst durch seine Reglosigkeit Erwartungen des Wechsels und der Abfolge zuwiderläuft. Die Maske wird zum Platzhalter des maskenhaft starren Gesichts.

Wenn nun aber starre Gesichtsausdrücke die Maskenwahrnehmung wesentlich bestimmen, dann hängt das nähere Verständnis der Maskenwirkung vor allem am Verständnis der Formen und Wirkungen von entsprechenden Ausdrücken. Die Frage nach der Wirkmacht der Maske ist von dem Punkt her zu erörtern, an dem das Gesicht selbst als Maske erscheint.

Weltbezug

Wann zeigen Gesichter einen maskenhaft starren Ausdruck? Ein solcher Ausdruck kann einer besonders intensiven *Zuwendung zur äußeren Welt* geschuldet sein. Üblicherweise sind wir ja mit einer gewissen Offenheit in unsere Projekte engagiert. Wir wenden uns zwar gezielt dem handlungsrelevanten Weltausschnitt zu, sind aber noch von etwas anderem erreichbar. So blicken wir von der Lektüre auf, wenn jemand das Zimmer betritt. Die *Konzentration* kann jedoch auch einen Grad erreichen, an dem etwas mit einer fast trancehaften Intensität zum Gegenstand der Zuwendung wird. Alle Aufmerksamkeit gilt diesem Einen, etwas anderes erreicht uns kaum mehr.

Ein Beispiel hierfür bieten besonders intensive Arbeitsprozesse, z.B. die Tätigkeit des Malers, dessen Aufmerksamkeit ganz von einem entstehenden Bild absorbiert wird. Er ist so bei der Sache, dass fast nichts anderes ihn mehr erreicht. Die Gesichtsregungen werden gewissermaßen übersprungen, das Gesicht wird zu einer mehr oder weniger reglosen, ausdrucksarmen Durchgangsfläche des imaginativ-praktischen Gegenstandsbezugs.

In romantischen Kunsttheorien erscheint diese Art der Versenkung oft mit *visionären Zuständen* verbunden. Das Innewerden von Gehalten, die den Alltagsrahmen sprengen, übersteigt auch ein Ausdrucksgeschehen, das auf diesen Rahmen eingespielt ist. Das Inkommensurable mag dabei in einzelnen Ausdrücken der Verwunderung oder Verzückung aufscheinen, ohne dass dies dem Beobachter jedoch in einer Logik der Abfolge nachvollziehbar wäre, wie sie für den Alltagsumgang charakteristisch ist. Die Evokation des Visionären mit seinem spezifischen Bruch der Alltagsperspektive gehört zu den wichtigsten Möglichkeiten der Maske.

Die Starre des Gesichts kann – ähnlich wie das Erröten – auch der *Scham* geschuldet sein. Das Gesicht als eine Körperzone, die in besonderer Weise für die Person und ihre moralische Integrität steht, erstarrt unter Zuschreibungen, die geeignet sind, Scham hervorzurufen. »Das Gesicht verlieren« heißt dann, es nicht mehr in der Art bewohnen können, in der es im Umgang mit Anderen die persönliche Integrität verbürgt.

Die Starre kann auch extremen Wahrnehmungen und körperlichen Bedrohungen geschuldet sein. »Starr vor Schreck« sein, unter *Schock* stehen – Ereignisse können mit großer Heftigkeit hereinbrechen und die üblichen Verarbeitungsmöglichkeiten samt den Fähigkeiten zur situationalen Orientierung eklatant übersteigen.

Entsprechende Erfahrungen kommen nicht einfach zu anderen Erfahrungsgehalten hinzu. Sie durchbrechen die Kontinuität einer Lebensgeschichte und stellen die Alltagsgewissheiten mit Nachdruck in Frage. Der Schock des Unfallopfers oder des Opfers einer Gewalttat gleicht immer auch einem existenziellen »Blick in den Abgrund«, der bisher verbindliche Sinnbezüge in ihrer Gesamtheit relativiert. Das Vertrauen darauf, in einer Welt zu leben, die so eingerichtet ist, dass die gegenständlichen Abläufe mit hinreichender Sicherheit beherrscht werden können, oder die Annahme, in einer sozialen Welt zu leben, in der zumindest elementare moralische Normen der Rücksichtnahme und Schonung gelten, werden schlagartig unterhöhlt. Die schockhafte Erfahrung unterminiert die Alltagswirklichkeit, indem sie bis dato unterstellte und regelmäßig bestätigte Konstanten fraglich werden lässt.

Da der starre Ausdruck des Gesichts eine der nachdrücklichsten Anzeigen dieses Vorgangs ist, kann auch die Starre der Maske das Schockhafte in besonderer Weise evozieren. Masken des Spiels und des Kults verweisen oft auf das radikale Unterhöhlen der Lebenskontinuität, den das schreckensstarre Gesicht anzeigt. Sie evozieren das Offenliegen des Bruchs, ohne dass ein Distanz schaffendes Einordnen oder Relativieren schon wieder sein Netz von Konstanten und Kontinuitäten darüber hätte knüpfen können.

Absenz und Traum

Gegenüber einer vorrangig auf die gegenständliche Welt gerichteten Aufmerksamkeit kommt mit dem Schock auch eine problematische Art des Selbstbezugs in den Blick. Er impliziert den Einschlag eines Übermächtigen, das Körper und Denken belegt, wobei die Starre des Ausdrucks nicht zuletzt die Kluft verdeutlicht, die sich zur umgebenden Welt aufgetan hat. Der in dieser Weise Überwältigte ist von inneren Vorgängen absorbiert. Das Besondere seiner Verbindung zur Welt besteht in einer Desituierung – er wird von ihr kaum mehr erreicht und er greift auch nicht mehr auf sie aus, er ist abwesend und fällt aus dem alltäglichen Weltbezug heraus.

Ähnliches gilt für den *Besessenen*. Er kann sich der unterstellten Gegenwart eines dämonischen Wesens nicht ohne Weiteres entziehen. Auch dabei handelt es sich um die Präsenz eines Übermächtigen, das momentan die eigenen Handlungsfähigkeiten übersteigt. Die Starre des Gesichts wird zum Ausdruck der Fremdheit im eigenen Körper.

Die vom reglosen Gesicht angezeigte Distanz zur Welt kann direkt *psychopathologische* Züge tragen. Sie kann einem depressiven Rückzug entsprechen, einem Antriebsverlust, der das praktische Ausgreifen unterläuft. Sie kann auch Teil eines psychotischen Zustands sein, der sich im zeitweiligen Verlust der Körperkontrolle, in katatonischen Krampfzuständen oder in der Reglosigkeit des Stupors äußert.

Auch *Schlaf* und *meditative Versenkung* verleihen dem Gesicht maskenhafte Züge und stehen für eine Art der Abwesenheit. Das Gesicht des Meditierenden zeigt einen vorübergehenden Rückzug aus der Handlungswelt an, das des Schlafenden steht für einen vorübergehenden Rückzug aus der wachbewussten Welt.

Von besonderer Bedeutung für die Wahrnehmung der Masken ist der *Somnambulismus* mit seiner Diskrepanz zwischen der Abwesenheit des Schlafwandlers aus der wachbewussten Welt und dem von den Körperbewegungen evozierten Handeln. Durch die Art und Weise, wie der Ausdruck des Schlafs sich mit Körperbewegungen verbindet, werden hier vor allem die üblichen *Zeitstrukturen* des Handelns konterkariert. Die Einzelabläufe scheinen nicht mehr unter der Herrschaft der wachbewussten Zielorientiertheit zu stehen.

Das Zeitlupenhafte der Bewegungen gleicht den Vorgang einem vegetabilischen Geschehen an – ein Vorrücken, in dem die Bewegungen spontan auseinander hervorgehen und mit »schlafwandlerischer Sicherheit« ins Ziel kommen, ohne dass es der beständigen Kontrolle anhand von Zielvorgaben bedarf. Der Ablauf, der sich im Maskenspiel oft wiederfindet, erhält auch einen *magischen* Anstrich. Das Ziel wird erreicht, ohne dass das Vermittlungsgeschehen, das zu ihm führt, immer wieder von ihm her orientiert werden müsste. Die Vermittlung »geschieht« einfach nur, scheinbar zwanglos oder ganz automatisch, jedenfalls ohne den für das Handeln charakteristischen Vorlauf.

Für die Maskenerfahrung ist dieser Geschehenscharakter von besonderem Belang, denn im Maskenspiel gleichen die Bewegungen des Spielers oft denen des *Somnambulen*. Die von der Starre des Ausdrucks evozierte Parallele zum Schlafwandeln wird durch eine zeitlupenhafte Verlangsamung der Abläufe oft ganz unwillkürlich aufgegriffen.

Die schlafwandlerische Bewegung verweist zudem auf Bewegungen, die uns in *Traumbildern* gegeben sind, so wie die eindringliche Wirkung von Maskenvorführungen insgesamt auch einer eigentümlichen Vertrautheit mit der Traumwelt geschuldet sein dürfte, die im Wachzustand fortbesteht.

Diese Nähe zur Traumwelt zeigt sich manchmal darin, dass bestimmte Wahrnehmungen oder Vorstellungen der Wachwelt Gefühle einer überraschenden Bekanntheit oder eines ungewöhnlichen Befremdens in uns auslösen und uns sehr nachhaltig beschäftigen. Nicht zuletzt der Surrealismus verdankt seine Wirkung solchen rätselhaften Déjà-vu-Erlebnissen.

Wenn das Maskenspiel eine Traumwelt evoziert, indem sie dem Wachbewusstsein Traumbilder darbietet, so geht es dabei auch um besondere, vom Wachbewusstsein in das Traumbewusstsein übergegangene Gehalte. In der Zirkularität der Verweise findet das Wachbewusstsein im Maskenspiel einen Spiegel, der sichtbar macht, was von ihm in den Traum hineinsteht.

Die Starre des Gesichtsausdrucks koinzidiert zudem mit einer gewissen *Statik* unseres *bildlichen Vorstellungsvermögens*. Denn es fällt uns gar nicht so leicht, bewegte Bilder zu imaginieren. Wenn wir dies versuchen, scheinen – vielleicht auch vom reflexiv-feststellenden Charakter des Versuchs mit bedingt – eher stehende Bilder ineinander überzugehen. Ergänzend bedienen wir uns einer Art entbildlichten Sehens, bei dem die Bildinhalte verblassen oder versprachlicht werden, oder wir vergegenwärtigen eine Bewegung mehr im eigenkörperlichen Spüren denn als Bildbewegung.

Die Maske kommt der Statik des bildlichen Vorstellungsvermögens entgegen, indem sie mit ihrer Statik darstellt, was diesem bewegungsreduziert vorstellig wird. Sie überträgt einen wichtigen Zug unserer Bildvorstellungen in den Bereich der gegenständlichen Sichtbarkeit und bringt dabei ähnlich wie beim Traumbild die intime Wirkung eines Déjà-vu hervor.

Physiologie

Während das Gesicht des Schlafenden einen vorübergehenden Rückzug aus der wachbewussten Welt anzeigt, steht das Gesicht des Toten für das dauerhafte Herausfallen des Körpers aus der belebten Welt. Entsprechend kann die Starre der Maske für die *Starre des Todes* stehen.

Auch hier spielt der Kontrast zwischen der Handlungslosigkeit und Absenz der Person und der Anwesenheit des Körpers eine wichtige Rolle. Vor allem das Gesicht steht dabei für eine auf das Faktische reduzierte Körperlichkeit. Es erscheint als beständige Negation der Regungen, die wir von ihm erwarten.

Oft erscheint der tote Körper unter dem Vorzeichen des Schlafs als einer nur vorübergehenden Absenz. Die Negation, die sich mit dem toten Gesicht verbindet, nimmt vom Schlafzustand ihren Ausgang – als die geläufigere Reglosigkeit ist er es, der von der Wahrnehmung auf das Endgültige des Todes hin überschritten wird.

Das tote Gesicht war von jeher ein Bezugspunkt für die Gestaltung und den Gebrauch von Masken. Vor allem im Ahnenkult kam es dabei zu einer weiteren Negation: Die Präsenz des Maskenwesens evozierte die geheimnisvolle Anwesenheit eines »lebenden Toten«, eines Todes, der Tod ist ohne Bewegungs- und Handlungslosigkeit zu sein. Die Maske greift die Starre des Todes in der Perspektive einer Verlebendigung auf.

Die Kluft zur gewöhnlichen Handlungswelt, die das regungslose Gesicht indiziert, kann auch andere physiologische Ursachen haben: Durch *Schwäche, Krankheiten und Lähmungszustände* kann der Körper der üblichen Kontrolle entglitten sein. Der entsprechende Zustand verweist dabei nicht oder nur ausnahmsweise auf eine zeitweilige oder dauerhafte Abwesenheit aus der wachbewussten Welt oder eine Absorption des Bewusstseins durch übermächtige psychische Vorgänge, sondern auf die physiologische Abkoppelung einzelner Körperpartien aus dem Einzugsbereich willentlichen Handelns.

Jedoch hat auch dies einen stark verfremdenden Effekt zur Folge. Er zeigt nicht zuletzt, wie sehr die an den jeweils üblichen Weisen der Körperbeherrschung gewonnenen Kriterien der »Normalität« die Alltagserwartungen beherrschen und wie wenig Differenz die durch die Verfremdung konterkarierten Erwartungshaltungen vorsehen.

Abb. 3: Krankheitsmaske der Makonde

Die bisher beschriebenen Formen eines reglosen und erstarrten Ausdrucks sind Anzeiger für bestimmte, den Erwartungen an das »Normale« mehr oder weniger zuwiderlaufende Formen des Selbst- und Weltkontakts. Doch sie sind als solche nicht *intendiert*. Im Unterschied hierzu kann die Reglosigkeit auch bezweckt sein. Ihr kann der Versuch zugrunde liegen, die an den Gesichtsregungen ablesbaren Wertungen und Handlungsabsichten zu verbergen.

Das unbewegliche Gesicht kann Teil einer im Kontext *strategischen* Handelns erwachsenden Bezugnahme sein, ganz wie die von der Topologie des »Innen« und »Außen« akzentuierte Dimension des Verdeckens es vorsieht: So wie man sich nicht »in die Karten schauen« lässt, so verbirgt auch der Gesichtsausdruck die dem eigenen »Blatt« innewohnenden Möglichkeiten. Die eigene Lageeinschätzung und die aus ihr abgeleiteten Handlungsperspektiven werden verheimlicht.

In den Masken scheint oft etwas von den Techniken des strategischen Verbergens auf. Die vom undurchdringlichen Gesicht her gedeutete Starre zeigt sich an ihnen als ein Sich-nicht-regen-wollen, dem ein Nicht-zeigen-wollen zugrunde liegt, ein willentliches Stillstellen des Ausdrucksgeschehens. Die Maske in ihrer Eigenständigkeit realisiert dinglich, was als »Pokerface« im Rahmen der lebendigen Körpereinheit angestrebt wird: Die Abtrennung einer Körperzone von den eigenen Regungen, die Verfestigung eines intimen Teils des Selbst.

Beim strategischen Verbergen handelt es sich um einem genitivisch gedoppelten Vorgang, bei dem das Verbergen des Zwecks den Zweck des Verbergens impliziert. Einmal geht es um den von einem übergeordneten Zweck her orientierten Handlungsvollzug. Der übergeordnete Zweck, die den gesamten Vollzug übergreifende Handlungsorientierung, setzt das Verbergen ihrer selbst als ein Mittel des Zweckverfolgs. Von ihr leitet sich das Verbergen her, und sie ist gleichzeitig das zu Verbergende.

Zum anderen geht es um ein Verbergen als Mittel, das seinerseits den Charakter eines Zwecks trägt, und zwar den eines »Mittel-Zwecks«, der im Rahmen einer »Um...zu«-Struktur auf den übergeordneten Zweck bezogen ist. Die Realisation des Mittel-Zwecks dient der Realisation des übergeordneten Zwecks.

Was sich in einem als strategisches Stillstellen gedeuteten Ausdruck zeigt, ist zunächst das planvolle Verbergen als Mittel-Zweck, ausgeführt von einem Wesen, das sich aus der Ausdrucksfläche des Gesichts zurückzuziehen sucht, um sie in einer bestimmten Hinsicht nicht mehr als solche zu »bewohnen«. Darüber hinaus orientiert das Verbergen den Betrachter gerade auf etwas, das verborgen werden soll. In ihm erscheint der übergeordnete Zweck, und zwar in seiner Qualität als nicht offenbarer Bestimmungsgrund des Verbergens, als ein Plan, der nicht nach außen dringen soll – das Verbergen evoziert das Geheimnis. Nach beiden Seiten also erscheint das willentliche Stillstellen als ein unwillentliches oder beiläufiges Zeigen, ein Vorgang wird in ihm als Verbergen, als Nicht-zeigen-wollen offenbar.

Dies ist dann oft der Ausgangspunkt einer weiteren Reflexivierung und des Übergangs von Verdecken hin zum Trug. Der Ausdruck soll von den Intentionen nicht einfach nur abgetrennt werden, sondern in nicht-verfänglicher Weise Regungen so darstellen, dass der Vorgang des Verbergens seinerseits verborgen wird.

Gegenüber dieser Wiederbelebung hält die Maske jedoch die Starre fest. In ihr vergegenständlicht sich die Offenbarung des nicht weiter Offenbaren. Sie steht für das Gesicht, das zeigt, dass es nicht zeigt, worauf ein Handeln hinauslaufen soll. Die Maske ist das Ding gewordene Geheimnis, die materialisierte Grenzlinie zwischen »Innen« und »Außen«, das Rätsel, das im Raum steht, ohne dass die Lösung mit erscheint.

Das Rätsel wiederum erzeugt einen intensivierenden Schwebezustand. Das Nichtoffenbare, das es anzeigt, mobilisiert einen nachforschenden Blick, es orientiert auf ein besonders Signifikantes, dem allein schon aufgrund des Verbergens besonderes Gewicht zukommen muss. Die Maske als Anzeige eines Verborgenen ist das Doppeldeutige, das nach Aufklärung verlangt.

Die Maske als Sammelpunkt

Das Rätsel der Maske betrifft jedoch nicht nur einzelne Ausdrucksgehalte, es geht nicht nur darum, dass sie wie das Gesicht des Kartenspielers bestimmte Absichten und Möglichkeiten verbirgt, sie unterläuft grundsätzlicher die Wahrnehmung von Gesicht und Person. Sie verdeckt das Gesicht und raubt den Sammelpunkt, an dem sich die Vorstellungen vom Anderen festmachen, sie entzieht das einheitsstiftende Moment, von dem her wir den Anderen »konstruieren«.

Bei der atmosphärischen Erinnerung wurde deutlich, wie Gesichtsvorstellungen und die um sie gruppierten Vorstellungen von Personen sich entziehen, wenn das Vorstellungsbild fixiert werden soll. In umgekehrter Weise entzieht das Fixum der Maske den Anderen nun dem konstruktiven Griff. Ihrer verhüllenden Funktion gemäß wird fraglich, ob unsere Konstruktionsgewohnheiten »diesem« Anderen angemessen sind, oder ob das alltägliche Physiognomisieren hier nicht in einer problematischen Vorurteilsstruktur befangen bleibt. Noch weiter gehend führt die verfremdende Verhüllung auf die Frage, was es mit einem Wahrnehmungsschema auf sich hat, in dem das Gesicht fraglos im Mittelpunkt steht, und welche Personenvorstellung sich den entsprechenden Routinen der Wahrnehmung eingeschrieben hat.

Doch die Maske verhüllt nicht nur, sie stellt auch dar. Mit der Gesichtsdarstellung gibt sie einen neuen Sammelpunkt, und zwar einen, der nicht zuletzt durch die bereits beschriebenen Eigentümlichkeiten, insbesondere durch die Wirkung der Starre gekennzeichnet ist.

Dabei kommt sie gerade mit ihrer Statik unserem bildlichen Vorstellungsvermögen entgegen. Sie stellt etwas als »real« dar, was uns mit seiner eingeschränkten Beweglichkeit aus Bildimaginationen und Träumen wohl vertraut ist. Gleichzeitig nimmt sie den Bildern die Flüchtigkeit, durch die sie sich immer wieder entziehen. Das, was sich als Bild immer wieder ins Unscharfe entzieht, ist mit der Maske handgreiflich und dauerhaft gegeben. Die Maske leiht den Bildern ihren Körper, sie macht die Gehalte von Träumen und Imaginationen mit »überrealer« Eindringlichkeit zum Wahrnehmungsgegenstand.

Und dabei zeigt sie ja nicht irgend etwas, sie zeigt ein Gesicht, jene hoch signifikante Gegebenheit, die als Sammelpunkt der Vorstellungen, die wir uns von Anderen machen, unsere Bilderwelt wesentlich bestimmt. Die Maske verfremdet die Wahrnehmungswelt, indem sie in ihr wahrnehmbar macht, was als Grundgegenstand unsere Träume und Imaginationen durchzieht.

Die Verbindung Maske – Mensch

Der enge wechselseitige Verweisungsbezug, in dem Maske und Gesicht stehen, gründet in einem Verhältnis von Gleichheit und Ungleichheit. Die Maske wird darin von bestimmten Ausdrücken des Gesichts her wahrgenommen.[36] Der Bezug ergibt sich jedoch nicht nur durch den äußerlichen Vergleich, sondern vor allem durch die Verwendung der Masken. Das Vergleichsverhältnis spitzt sich dabei zu einem Verhältnis der Stellvertretung und Überlagerung zu. Die Maske tritt an die Stelle des Gesichts, sie verhüllt es, um gleichzeitig ein Gesicht darzustellen.

Dieser Vorgang ist gehaltvoll. Die Maske verschließt nicht den über das Gesicht vermittelten Zugang zum Anderen, um ihn durch ihre Darstellungsleistung dann identisch wiederherzustellen. Das Verhüllen und Darstellen nimmt vielmehr Gleichheit und Ungleichheit in sich auf, um einer verfremdenden Differenz ihre Durchschlagskraft zu verleihen.

Auf den ersten Blick scheint vor allem die Gleichheit von Maske und Gesicht die Stellvertretung zu ermöglichen, während die Ungleichheit den verfremdenden Effekt hervorbringt. Es ergab sich jedoch, dass die Starre der Maske eine Ungleichheit des Gesichts mit sich selbst zur Darstellung bringt. Sie greift starre, ungewöhnliche Ausdrücke des Gesichts auf und ist so in ihrer Verfremdungsfunktion auch Gleichheit mit dem Gesicht in dessen Ungleichheit mit sich.

Doch die für die Erfahrung der Maske charakteristischen Verweisungsbezüge sind noch weit komplexer. Die Maske ist nicht nur auf die Verhüllung und Darstellung des Gesichts als einer besonderen Körperzone, sondern auf ein ganzes Körpergebilde, auf den Träger der Maske bezogen. Und auch hieraus resultiert ein vielschichtiges Wechselspiel: Mensch und Maske verweisen aufeinander, in ihrem Bezug erfahren sie wie zuvor die Bezugsglieder Maske und Gesicht zahlreiche weitere Bestimmungen.

Entscheidend ist dabei, wie im gleichzeitigen Verhüllen und Darstellen des Gesichts sowohl eine Zweiheit »Mensch und Maske« als auch eine Einheit dieser Glieder erfahrbar wird. Die jeweilige Bezugsbestimmung hat einmal eine Binnenseite, etwas, das zunächst noch relativ gut eingrenzbar als diese oder jene Kombination erscheint. Zum anderen ist sie jedoch auch Verweis auf eine implizite Ontologie, auf ein Gefüge alltagspraktischer Deutungen, vor deren Hintergrund die Einheit oder Zweiheit aufscheint.

Gleichzeitig ist zu beachten, dass das Doppel- und Mehrdeutige der Verbindung Maske – Mensch umstandslose Zuordnungen oft unterminiert. Die Verbindung führt auf Erfahrungsgänge, die unsere Alltagsontologie gerade aus ihrer Fraglosigkeit heben. Wir sehen uns immer wieder auf Bruchstellen im für uns maßgeblichen Deutungsgefüge verwiesen. Eine nähere Explikation dieses Gefüges, die anhand entsprechender Erfahrungen möglich oder sogar praktisch notwendig wird, soll im Folgenden auf eine »wirkliche« Realität, eine Realität des Spiels und auf ein von der Maske evoziertes Übersteigen der gängigen Einteilungsschemata führen.

Das Maskenwesen und die »wirkliche« Realität

Betrachten wir Erfahrungsgänge, in denen sich die Verbindung Maske – Mensch zeigt, so kann schon der Moment des Erscheinens von besonderer Bedeutung sein. Dies ist vor allem dann der Fall, wenn es sich um ein unerwartetes Auftauchen handelt.

Das Erschienene ist in einem solchen Fall oft in einer nicht weiter aufgeklärten Weise als *einheitliches Wesen* gegeben. Merkwürdige Gesichtszüge, verbunden mit den vielleicht ungewöhnlichen Bewegungen eines Körpergebildes, stehen quer zu dem, was üblicherweise zu erwarten ist. Augenscheinlich handelt es sich um ein belebtes und menschenähnliches, irgendwie aktionsfähiges Wesen, das die Aufmerksamkeit schlagartig besetzt und die unbelebte und passive Fülle des Wahrnehmungsfeldes zu seinem Umfeld macht oder zu einem bloßen Hintergrund seines Erscheinens absinken lässt.

Schreckmasken sind in besonderer Weise auf den Moment des Erscheinens hin angelegt. Sie sollen ja erschrecken und tun dies vornehmlich in der unerwarteten Begegnung. Die Belebtheit und Aktionsfähigkeit wird bei ihnen sogleich als in bedrohlicher Weise gerichtet erfahren. Bevor wir noch wissen, um wen oder was es sich handelt, geht das Bedrohliche der Erscheinung auf. Verzerrte Gesichtszüge, ein aufgerissener Mund oder weit hervortretende Augen hinterlassen unweigerlich ihre Wirkung.

Das Überrascht- oder Erschrecktsein stellt stets eine Herausforderung dar, weil sich darin etwas geltend macht, das den eben noch gülti-
gen Deutungs- oder Erwartungshorizont übersteigt. Wir fühlen uns
dringend veranlasst, die Realität des Erschienenen im Lichte der uns zu
Gebote stehenden Interpretationsmöglichkeiten zu prüfen. Erving
Goffman hat in seiner *Rahmen-Analyse* den entsprechenden Moment
sehr eindringlich festgehalten: Der in eine solche Situation Geratene
verliert »jedenfalls zeitweilig jegliche Distanz und Reserve gegenüber
den vorhergehenden Ereignissen, die er gehabt haben mag, ebenso einen Teil der bewussten Kontrolle über die Vorgänge, sofern eine solche
vorhanden war. Er ist ohne die üblichen Abwehrmöglichkeiten unmittelbar mit seiner prekären Situation konfrontiert.«[37]

Dem Distanzverlust entspricht ein nicht fixierbarer Charakter der
situativen Momente: »Die Wirklichkeit oszilliert anomisch,«[38] verschiedene Deutungsmöglichkeiten spielen widersprüchlich ineinander,
eine sichere Kontrolle der Gegebenheiten ist momentan nicht absehbar.
Der Kontrollverlust selbst, die momentane Überforderung, kann sich
in verschiedenen, von der leichten Verunsicherung bis zum Schock rei-
chenden Formen des »Aushakens« aus dem Handlungskontext realisieren.

Insofern das plötzlich erschienene Maskenwesen das Deutungsgefüge des Alltags in Frage stellt, führt der Nachvollzug des Prozesses, in
dem wir zu klären versuchen, was es näher mit ihm auf sich hat, auch
auf einige grundlegende Einteilungen, die unsere Wirklichkeitssicht
bestimmen.

Dem Überrascht- oder Erschrecktsein folgt dort, wo es zu keiner
schockhaften Zuspitzung kommt, idealtypisch eine *Analyse.* Sie konterkariert die anfänglich unterstellte Einheit. Vielleicht schwankt das Urteil noch einen Moment, um dann immer bestimmter zu werden.
Form, Oberflächenbeschaffenheiten, Bewegung oder Bewegungslosig-
keit zeigen an, dass es sich bei dem Wahrgenommenen nicht um ein mit
unseren Alltagserwartungen nur schwer zu vereinbarendes einheitliches
lebendiges Wesen handeln kann. Es lässt sich auf die ein oder andere
Weise dem prosaischen Bereich verankern, der uns zumeist als »wirkliche« Realität erscheint.

Dabei kann sich alles auf ein einziges Segment dieses Bereichs reduzieren: Das, was zunächst als aktionsfähiges lebendiges Wesen erschien,
gehört möglicherweise ganz zur Welt der Gegenstände. Wir hatten es
nur mit einer ungewöhnlichen Konstellation von Dingen zu tun, mit
etwas, das einem Körper oder einem Gesicht nur ähnlich sah. Die ver-

störende Wirkung war besonderen Umständen, einer diffusen Beleuchtung oder zufälligen Bewegungen geschuldet. Die Verwechslung beruhte letztlich darauf, dass einem im Kausalzusammenhang völlig aufgehenden Ding irgend eine Art von Handlungsfähigkeit zugeschrieben wurde.

Eine solche Verwechslung führt auf Grundschichten der wohl gängigsten Alltagsontologie. Implizit wird darin unterstellt, dass die Welt in natürliche und soziale Gegebenheiten einzuteilen ist, die entweder im kausalen Selbstlauf aufgehen oder zwecktätige Instanzen einbeziehen. Goffman spricht von den beiden großen Klassen »primärer Rahmen«. Der Irrtum, dem wir zunächst erlegen sind, erwiese sich dieser Terminologie zufolge als Fehlrahmung bzw. als vorübergehende Unsicherheit über den zu wählenden primären Rahmen.[39]

Der besondere Grad der Verunsicherung, der sich hieraus ergeben kann, wird von der Tragweite der Rahmensetzung her verständlich. Nach Bateson, der wichtige Thesen des Rahmungsansatzes vorformulierte, bezeichnet der Rahmen durch ein Spiel von Exklusion und Inklusion hindurch die Art des Denkens, die bei bestimmten interpretativen Vorgängen zum Tragen kommen soll.[40] Mit jeder Rahmensetzung ist eine ganze »Grammatik von Erwartungen«[41] verbunden, die ins Leere läuft, wenn ein unpassender Rahmen gewählt wurde. So wie bei Wittgenstein das Verstehen eines Satzes das Verstehen einer ganzen Sprache impliziert,[42] so erweist sich jeder einzelne Deutungsakt nicht als etwas Isoliertes, sondern als etwas im Kontext seines Rahmens äußerst Voraussetzungsvolles und Folgenreiches. Jeder Blick auf etwas ist schon eingebundene Verbindungtätigkeit, die Rahmung ist tragend für den gesamten situativen Wirklichkeitskontakt.

Die Lebensweltphänomenologie spricht hier von geschlossenen Sinnstrukturen, die mit den Aufschichtungen der Lebenswelt in den Alltagsbereich sowie in Phantasie- und Traumwelten korrelieren.[43] Die Verunsicherung beträfe entsprechend die Ausdeutung einer Wahrnehmung gemäß den Vorgaben einer solchen Schicht. Es kommt zu einer Stockung in den weitgehend automatisierten Synthesen, im Vorgang der Typisierung der Wahrnehmungen, in dem das Deutungswissen mit dem Wahrnehmungskern einer gegenwärtigen Erfahrung zusammenfließt.[44] Als unmittelbare Folge der Verunsicherung ergibt sich eine erhöhte Aufmerksamkeit auf das überschießende, aus dem Vertrauten ausbrechende Moment, die darauf gerichtet ist, das Unvertraute wieder in den Bereich des Vertrauten zu integrieren.[45] Es soll sich einfügen in das Deutungskontinuum der Alltagswirklichkeit, die überschießenden

Gehalte sollen sich angesichts dessen, was als »wirkliche« Realität gilt, irrealisieren.

Die anfängliche Fehlrahmung oder Deutungsunsicherheit kann näher auch darin gründen, dass ein Gegenstand durch seine *mechanische Organisation* darauf gerichtet ist, Bewegungen auszuführen: Windmühlen, Vogelscheuchen, Automaten – die Illusion der direkten Zwecktätigkeit kann schon in den Konstruktionsprinzipien einer Sache angelegt sein. Doch wenn die Fehlrahmung sich nicht donquichottesk immunisiert, so wird auch das, was der Wahrnehmung hier als lebendige Einheit erscheinen kann, sich relativ umstandslos auf bloße Gegenständlichkeit zurückführen lassen. Wir wissen recht bald, worum es sich »in Wirklichkeit« handelt, d.h. wir können es einem ihm angemessenen Segment des alltäglich-praktischen Deutungskontinuums zuordnen. Wie schon bei der ohne weiteren zweckhaften Eingriff zustande gekommenen Verwechslung prägen wir auch hier der anfänglichen Einheitserfahrung, die dieses Kontinuum aufzuheben drohte, einen *Irrealitätsindex* auf und nehmen ihr so die beunruhigende Kraft.

Die einer solchen Verwechslung zugrunde liegende zweckhafte Ausrichtung eines Ablaufs kann jedoch auch die Absicht des Hervorbringens einer Verwechslung selbst mit umfassen. Der Rahmenirrtum ist intendiert, es handelt sich um eine Täuschung. Am Beispiel des Automatenwesens Olimpia, in das sich der Held in E.T.A. Hoffmanns *Der Sandmann* im Unwissen um die Automatennatur verliebt, wird eindringlich eine fremdinduzierte Fehlrahmung vorgeführt, die in einer Verwechslung eines ausgerichteten Kausalprozesses mit direktem menschlichem Handeln gründet. In eine Rahmung, die sozialem Handeln und menschlichen Wechselseitigkeitsbeziehungen vorbehalten ist, wird hier fälschlich das mechanische Nachbild eines menschlichen Individuums mit einbezogen, also etwas, das der Welt der Dinge zugehört, die der erste Primärrahmen umfasst.

Auch wenn wir den Bewegungen von Automaten und ähnlichen Objekten nur im Fall von Täuschung und Irrtum jene Art von Zweckhaftigkeit unmittelbar zuschreiben, die wir menschlichem Handeln gemeinhin unterstellen, so sind diese Bewegungen doch gewollt, sie sind in zweckgerichtete Abläufe eingebunden. Sie verweisen zurück auf ein in zweckgemäßen Bewegungen des Objekts sich verlängerndes menschliches Tun. Dies war eine Bedingung des angesprochenen Täuschungsunternehmens.

Während sich im Fall des Automatenwesens das menschliche Tun in einem von ihm ausgerichteten, aber relativ selbstständigen kausalen

Lauf objektiviert, steht es bei anderen Objekten, etwa bei den durch ihre Fäden mit Spielern verbundenen Marionetten, noch in einem direkten Zusammenhang. Die Kausalität, die die Bewegung der Figuren verursacht, ist an die körperliche Anwesenheit des Spielers und an seinen kontinuierlich steuernden Eingriff gebunden.

Dieses Beispiel führt auf einen weiteren Weg, auf dem die verstörende Erfahrung des Anfangs mit unseren Alltagsdeutungen vereinbart werden kann: Wir haben es weder mit einem einheitlichen lebendigen Wesen noch mit einer Gesicht, Körper und Handlungsfähigkeit bloß evozierenden toten Gegenständlichkeit zu tun, sondern mit einer Zusammensetzung aus beidem. Das, was an ein Gesicht erinnerte, war ein Ding, eine Maske; das Körpergebilde dagegen war ein Mensch, der die Maske trug.

Das Erkennen dieser Zusammensetzung ist einmal ein Auseinanderlegen. Im Gefolge des »analytischen« Schritts dissoziiert sich das, was wir für einen Moment als einheitliches Wesen genommen haben, zur Zweiheit *Maske – Mensch*, eine Zusammensetzung, die uns als solche zunächst entging und die uns, solange sie nicht von ihren Elementen her in den Griff zu bekommen war, verstörte.

Die illusionäre Einheitserfahrung entsprang hier gerade der besonderen Verbindung dieser Zweiheit. Die Maske stellte nicht nur ein menschliches Gesicht dar, sie erschien auch an jener Stelle des Körpers, an der wir ein Gesicht zu sehen erwarteten. Alles war so eingerichtet, dass wir für einen Augenblick der Täuschung erliegen konnten. Etwas Befremdliches und nicht für möglich Gehaltenes überstieg einen Moment unsere Deutungshorizonte.

Im Zuge der Wiedereinsetzung der prosaischen Wirklichkeit *synthetisieren* wir diese Zweiheit jedoch auch wieder. Die Maske als ein den Kausalbeziehungen unterworfenes materielles Objekt erscheint nun spezifischer integriert in einen zielgerichteten menschlichen Handlungsprozess. Sie wird getragen von einem Menschen, der die Fähigkeit hat, Kausalbeziehungen zweckhaft zu organisieren: Der Maskenträger steckt »hinter« allem; mit seinem Tun bringt er eine Einheit Maske – Mensch zur Darstellung, die an die Einheit eines lebendigen Wesens erinnert. Er bewirkt dies, indem er mit der ein Gesicht darstellenden Maske sein Gesicht verhüllt und der Maske dabei die Lebendigkeit seines Körpers leiht. Der ungewöhnlichen, vielleicht sogar verstörenden Wahrnehmung, die uns schlagartig besetzt, liegt ein durchaus einsehbares menschliches Handeln zugrunde.[46]

Mit diesem synthetischen Schritt tritt gegenüber der undeutlichen

Einheit des Anfangs und der mechanisch-materiellen eine *weitere Einheit* zu Tage. Ihr Bezugspunkt bleibt insofern die ursprüngliche Einheitlichkeit, als das Maskenwesen nach wie vor als ein räumlicher Zusammenhang erscheint, nun jedoch als eine durch das Wissen um die Zweiheit gleichermaßen dissoziierte und durch Rekurs auf ein einheitsstiftendes Handeln restituierte Einheit.

Auch auf diesem Weg kommt das Deutungskontinuum der »wirklichen« Realität zur Geltung und irrealisiert die anfängliche Einheit, die ihr zuwiderlief. Der analytische und der synthetische Erkenntnisschritt zusammen verdeutlichen auf einem Umweg, wofür das Gesicht sonst unmittelbar steht. Sie zeigen, dass wir einen Menschen mit entsprechenden Handlungsfähigkeiten vor uns haben und aktualisieren einen Deutungshorizont, in dessen Rahmen wir uns auf das, was erschienen ist, im Weiteren beziehen.

Der Deutungs- ist dabei natürlich auch ein Erwartungshorizont. Das nun von ihm her Interpretierte soll nicht dem widersprechen, was wir als mögliche Eigenschaften und Fähigkeiten menschlicher Wesen betrachten. Die Erfüllung der Erwartung verifiziert wiederum die Erkenntnis, dass es hier tatsächlich um eine Verbindung Maske – Mensch geht. Und die Verifikation befestigt ihrerseits den Deutungsrahmen, mit ihm lässt sich über die ganze weitere Sequenz hinweg konsistent operieren. Das Ergebnis des »Umwegs« bleibt so im weiteren Wahrnehmen präsent. Gegenüber der ungeklärten Einheit ist das Erschienene nun relativ verlässlich in der »wirklichen« Realität verankert.

Spielrealität

Die Aufklärung des Vorgangs nimmt der Wahrnehmung jedoch auch die anfängliche *Intensität*. Das zunächst Unvertraute und Fremdartige erscheint nun kompatibel mit der vertrautesten Wirklichkeitssicht, eine schlüssige Typisierung ist gelungen, der Grund der Beunruhigung besteht nicht mehr, die Welt erscheint wieder im Licht einer zureichenden Konstanz und Beherrschbarkeit.

Doch der Erfahrungsgang muss hier nicht enden. Auch dann, wenn wir erkannt haben, was es mit dieser Erscheinung »wirklich« auf sich hat, kann sie eine besondere Eindringlichkeit zurückbehalten. Es bleibt etwas Herausforderndes, etwas, das in der Erkenntnis der Materialität der Maske oder im prosaischen Wissen um das Handeln eines Maskenträgers nicht aufgeht.

Das, was die Wahrnehmung der Maske und ihres Trägers über die alltagspraktischen Bestimmungen teilweise hinaushebt, sind Eigenheiten des Ablaufs, die auf den Rahmen einer *spielerischen Darstellung* verweisen. Die Maske selbst, verschiedene Bewegungen und Gesten des Trägers sowie räumliche und zeitliche Klammern verschaffen dem Rahmen eines Spiels Geltung. Der Träger der Maske agiert als Maskenspieler, er stellt etwas dar, mit dem er nicht nach Art des Alltagshandelns koinzidiert. Auf seinem Tun liegt nicht der übliche Wirklichkeitsakzent, das Engagement gilt nicht unmittelbar der »wirklichen« Realität, auch wenn es sich »naturalistisch« gibt. Es ist Teil einer Inszenierung und von ihr her organisiert.

Mit dem Spiel gelangen wir zu einem neuen Deutungskontinuum. Die Sinnordnung der »wirklichen« Realität wird auf dieser Ebene zwar in gewisser Weise einbezogen, deren Elemente und Zusammenhänge unterliegen jedoch wichtigen Transformationen. Ein Blick auf diese Sinnschichten samt den Verhältnissen, die zwischen ihnen bestehen, kann die Explikation der Alltagsontologie, die der Maskenerfahrung unterliegt, weiter vorantreiben.

Die Vorgänge des Spiels erscheinen in einem Rahmen, in dem die Zeit- und Raumstrukturen und viele Relevanzgesichtspunkte Veränderungen erfahren. Insofern Ähnlichkeiten und Kontinuitäten mit der »wirklichen« Realität jedoch fortbestehen und einem Nachbildungsverhältnis entspringen, lässt sich mit Goffman von einer »Modulation« sprechen.[47] Insofern einer der veranschlagten Sinnschichten dabei ein Primat zukommt, erhält die Modulation eine hierarchisierende Richtungsbestimmtheit. Ein »wirklicherer«, d.h. basaler gerahmter Vorgang erscheint in einen anderen »hinaufmoduliert«, um dabei eine besondere Ausdeutung zu erfahren.

Nicht zuletzt mit Blick auf das Spiel wäre es nahe liegend, diesen Primat einer vom Kernbereich der sinnfälligen, natürlichen und sozialen Gegebenheiten her gefassten »wirklichen« Realität zuzusprechen. Auch Goffmans Terminologie weist zunächst in diese Richtung. Es ist jedoch keinesfalls klar, ob solch eine material bestimmte und hierarchisierende Beschreibung mehr als nur eine erste Annäherung an die Alltagsontologie darstellt, die unsere Erfahrung organisiert.

Die Schichten der »wirklichen« Realität und des Spiels, des Denkbaren, des Phantastischen und des Traums durchdringen sich oft in einer Weise, die einsinnige Ableitungen und eindeutig gerichtete Modulationen obsolet erscheinen lässt. Wo der gespielte Banküberfall zum Modell des wirklichen wird oder wo der Alltagssinn sich gegenüber einer poetischen Wirklichkeit als defizitär erweist, erscheinen zirkuläre Beschreibungen über weite Strecken angemessener als hierarchisierende. Goffman selbst geht dem entsprechenden Zusammenspiel verschiedener Rahmen nach, die schon in relativ unscheinbaren Sequenzen unsere Erfahrung organisieren.

Ähnlich steht es um die materiale Ausdeutung. Zwar ist es wohl tatsächlich so, dass die sinnfällige Welt weithin als Kernbereich des Wirklichen, als Inbegriff der »wirklichen« Realität aufgefasst wird. Diese Ausdeutung ist jedoch keinesfalls für jeden gültig, noch muss sie für denjenigen, für den sie gilt, durchgängig verbindlich sein. Goffman fragt entsprechend, inwieweit das alltägliche Handeln selbst von moralischen, mythischen oder medial konstruierten Vorgaben geprägt ist und sich damit als Nachbildung oder Ausprägung von etwas Luftigerem, der gegenständlichen Welt oft geradezu Entgegengesetztem erweist.[48]

William James hat darauf aufmerksam gemacht, dass das, was wir jeweils als »wirklich« ansehen, wesentlich an praktischen Bezugnahmen hängt: »Any relation to our mind at all, in the absence of a stronger relation, suffices to make an object real«.[49] Für die Gewichtung der Bezüge, die den Bereich des »Wirklichen« bestimmen, zieht er besondere sinnliche Faktoren wie die Permanenz oder Belebtheit von Objekten in Betracht, aber auch emotionale Faktoren, Passionen und Glaubenserfahrungen sowie theoretische Konzeptionen, die mit unseren Erfahrungen besonders gut vereinbar sind. So wird ein strikt der modernen physikalischen Denkweise anhängender Mensch viele Gegenstände mit anderen Typisierungen in das Gefüge seiner Wirklichkeitssicht einordnen als jemand, der näher am Sinneseindruck verbleibt. Entsprechendes gilt etwa vor dem Hintergrund religiöser Bezugnahmen auf »realste« Entitäten.

Für das Spiel folgt daraus, dass es sich weit subtiler auf die »wirkliche« Realität bezieht, als dies zunächst absehbar war. Vor allem der Gegensatz zum alltagspraktischen »Ernst« erscheint weniger tiefgreifend, als die Sprache es nahe legt. Denn wo Relevanzgesichtspunkte sich als variabel erweisen und durchaus Verschiedenes den Status des »Wirklichen« einnehmen kann, lässt sich auch die »wirkliche« Realität gegenüber dem Ausdeutungsspiel nicht immunisieren. Das als »Ernst« Behauptete erweist sich vielmehr als Bestimmungsmoment einer besonderen Rahmung, die »wirkliche« Realität über weite Strecken dagegen als ein Spiel mit zwingenderen Regeln, als ein mit mehr Nachdruck zu Behandelndes, ohne dass den Regeln doch jener Charakter des Festen und Unabänderlichen zukommen muss, den der Alltagsernst oft fraglos unterstellt oder im »Geist der Seriosität« geradezu hypostasiert.[50]

Wenn das Spiel derart in die Wirklichkeit einzieht, wäre zudem zu fragen, ob wir hier nicht bei der basaleren Kategorie angelangt sind, beim eigentlichen Primärrahmen, über dem die anderen Wirklichkeitsbereiche sich mit ihren unterschiedlichen Dichtegraden und Relevanzen erst konstituieren. Johan Huizinga hat im Spiel ja nach dem Ursprung der Kultur gesucht und auf seine über die Regelbefolgung vermittelte ordnungsstiftende Funktion verwiesen: »In die unvollkommene Welt und das verworrene Leben bringt es eine zeitweise begrenzte Vollkommenheit.«[51]

Vor diesem Hintergrund ist die Unterscheidung von Spiel und Ernst noch weiter zu differenzieren. Das Zwingendere am Alltagsernst sind oft nur die Ausstiegsklauseln und nicht so sehr die Binnenregeln. Denn Letztere können im Spiel mit einem Ernst befolgt werden, der im Alltag eher die Ausnahme bleibt. Ja, dem Spielernst und seiner besonderen Intensität stellt die Wendung »es ist nur Spiel« eigens eine Formel entgegen, die das Spielerische wieder geltend machen soll, indem sie die stets mögliche Aufhebung des Spielrahmens präsent hält. Ein Satz wie »es ist *nur* Wirklichkeit« als Überleitungsformel zur Neurahmung einer Situation erscheint dagegen paradox. Die in ihm angezeigte Reduktion auf einen anderen Rahmen wäre nur dann sinnvoll, wenn damit ironischerweise etwas noch Relevanteres intendiert wäre. Gebräuchlich sind dagegen Sätze, die die Fehlrahmung von etwas als Spiel monieren, um es auf die »wirkliche« Realität zurückzuführen, aus der ein Ausstieg nicht problemlos möglich erscheint. Die in der Aufforderung: »Sei ernst!« implizierte Rahmenanweisung reklamiert die Anerkennung dieses Umstands.

Wenn wir etwas – im gegebenen Fall das Maskenwesen – als Teil eines Spiels ansehen, impliziert dies auch für uns einen Statuswechsel. Wir vollziehen einen Übergang von der Beobachter- zur Zuschauerrolle. Das beinhaltet, dass wir sowohl die »analytischen« als auch die »synthetischen« Erkenntnisse bis zu einem bestimmten Grad zurückstellen und uns wieder der anfänglichen Einheitserfahrung annähern. Indem wir uns in das Maskenspiel versenken, erfahren wir das Maskenwesen erneut als mit einer eigenständigen Handlungsfähigkeit ausgestattet, wir nehmen die gespielte Einheit im Rahmen des Spielerischen ernst.

Charakteristisch für diesen Perspektivenwechsel ist eine neuerliche *Intensivierung*. Es handelt sich nicht mehr um die der anfänglichen Überraschung oder des Schrecks. Das Wahrnehmen des Dargebotenen in einem aus der »wirklichen« Realität partiell enthobenen Kontext des Spiels und seine ästhetische Organisation ermöglichen eine Verdichtung von Zusammenhängen, die ein gegenüber der Zerstreutheit des Alltags dramatisch gesteigertes Erleben ermöglicht.

Wir kehren aber nicht zur ungeklärten Einheit des ersten Augenblicks zurück. Wir gestehen dem Maskenwesen im Rahmen des Spiels zwar ein Eigenleben zu, und das nicht nur insofern dieser Rahmen gegenüber der Alltagswirklichkeit abgegrenzt ist, sondern auch insofern er auf ihr gründet; die alltagspraktische Erkenntnis der Zweiheit Maske – Mensch wird durch die vom Spieler hervorgebrachte Einheit jedoch nicht einfach übergangen, sondern wirkt spezifisch weiter. Der Vorgang erscheint gedoppelt: Als Beobachter nehmen wir sie als Teil einer zureichend kontrollierbaren »wirklichen« Realität, als Zuschauer erscheint sie uns im Sinnhorizont des Spiels.

Solange diese Doppelung fortbesteht, hört das Spiel für uns nicht auf, ein Spiel zu sein. Gerade das moderne Theater hat immer wieder den Rahmungsvorgang sichtbar gemacht, durch den die Spielrealität sich herstellt und eingegrenzt wird. Dem Zuschauer werden dabei Instrumente in die Hand gegeben, die eine reflexive Distanz gegenüber dem Spiel ermöglichen.[52]

Wohl auch als Folge entsprechender Distanzierungstechniken ist ein Sensorium entstanden, das uns selbst dann, wenn wir uns mitreißen lassen, den Spielcharakter des Geschehens präsent hält. Auch wenn im »Mitgehen« die reflexive Distanz teilweise aufgehoben wird, verfolgen wir das Dargebotene mit einem bestimmten Abstand als Spielhandlung, erleben »Theatergefühle« usw. Das Spielgeschehen ist in einer Art distanzloser Distanz gegeben, die in den Horizont des deutenden Mitvollzugs einfließt, ohne direkt thematisch zu sein. Es ist eine vage Gestimmtheit als Platzhalter des Wissens um eine »Hintertür«, durch die wir aus der Spielrealität immer wieder in die Alltagswirklichkeit gelangen können. Sie taucht das Spielgeschehen in ein Licht, im dem es – gegenläufig zur spielerischen Verdichtung und Intensivierung – vermindert, seinem Realitätsgehalt nach als »nur ein Spiel« erscheint.[53]

Das Übersteigen der Spielrealität

Während das Maskenwesen als »unklare Einheit« eine bedrohliche Intensität darstellt, versetzt die Spielrealität es in einen dramatisch verdichteten Kontext, wobei gegenläufig zu den beiden »Intensivierungen«

vermindernde Modulationen der Alltagsperspektive wieder Geltung verschaffen: Die unklare Einheit des Anfangs klärt sich auf, die Intensität des Spiels ist vorgängig schon als hintergehbare gesetzt. Indem diese Modulationen dem Maskenwesen einen festen Platz im Deutungskontinuum des Alltags zuweisen, sichern sie dieses selbst: Das Unerkannte wird erkannt, die Kraft des Spiels eingehegt – alles erscheint in der Ordnung.

Damit ist die Maskenerfahrung jedoch nicht ausgeschöpft. Es bleibt ein Überschießendes, das die Klammer der »Irrealität«, die sich von unserer Alltagsrealität her um die Einheiten des Anfangs und des Spiels legt, nicht ganz zu umfassen vermag. Ein verstörender Rest irrealisiert die den Überschuss irrealisierende Realitätssicherung selbst.

Betrachten wir zunächst die Irrealisierung der Irrealsetzung des Spiels. Die vermindernde Modulation und die mit ihr verbundenen Distanzierungsmöglichkeiten können letztlich doch von einer dramatischen Intensivierung überspielt werden, die sich bei aller Rahmensicherheit als »wirkliche« Realität aufdrängt.

Geläufig ist dies vom Genre des Horrorfilms. Durch die Häufung und die besondere Präsentation von Grauen erregenden Szenen kommt es zu einem nicht mehr entwirrbaren Ineinander von Spiel und Wirklichkeit, das den Zuschauer schließlich zu merkwürdigen Kontrollhandlungen veranlasst: »Ist die Haustür wirklich verschlossen? Wäre es nicht ratsam, einmal unter dem Bett nachzusehen?« Erst der zeitliche Abstand lässt die Grenzen zwischen Alltags- und Spielrealität wieder deutlich hervortreten.

Vor allem aber wird der Verlust der Grenze zwischen Spiel und Wirklichkeit im Vorgang der Rezeption selbst erfahren. Das Spielgeschehen unterläuft mit seiner Dramatisierung unsere Distanzierungsmöglichkeiten. Auf der präreflexiven Ebene spüren wir plötzlich nicht mehr die Grenzmarke zwischen beiden Realitätsbereichen, jene »Hintertür«, durch die wir entschlüpfen könnten. Wir beziehen uns nicht mehr in jenem affektiven Medium auf das Dargebotene, in dem wir unterhalb der reflexiven Ebene gleichzeitig »mitgehen« und das Geschehen auf Distanz halten. Das Spiel, das uns so ergreift, dass wir uns ihm kaum mehr entziehen können, verliert seinen Spielcharakter, die entsprechende Ausstiegsklausel hat keine Gültigkeit mehr.

Wenn es das Hineinscheinen der Möglichkeit distanzierender Reflexion ist, welche die distanzlose Distanzierung auf der Ebene präreflexiver Vollzüge ermöglicht, so ist es nicht verwunderlich, dass sich auch beim Übergang auf die reflexive Ebene die Grenzen zwischen Spiel und

»Realität« nicht umstandslos wieder herstellen lassen. Es genügt nun nicht mehr, sich einfach den Spielcharakter vor Augen zu führen.

Wir sind in solchen Situationen daher oft geneigt, die ganze Schärfe des analytischen Blicks aufzubieten, um das Spiel als Spiel dingfest zu machen. Insbesondere die Mittel ästhetischer Kritik erhalten dabei eine Distanzierungsfunktion. Wir bemängeln·oder loben die schauspielerische Leistung, die Regie, die Ausstattung usw., um das Dargebotene als etwas »Inszeniertes«, als etwas auf Wirkung Angelegtes in den Griff zu bekommen.

Die Irrealisierung der Irrealsetzung des Spielvorgangs kann spezifischer auch jene Einhegung betreffen, in deren Rahmen wir die »reale« Einheit des Maskenwesens jenseits der Integrationsleistung des Maskenträgers auf der Ebene der »wirklichen« Realität – nämlich als real im Spiel – einzig akzeptieren konnten. Das Verwischen der Grenzen zwischen Spiel und Realität impliziert entsprechend eine noch weitergehende Rückkehr zur ungeklärten Einheit des Anfangs, als sie im Spiel selbst gegeben ist. Denn mit dem Verwischen der Grenzen zwischen Spiel und Realität wird auch der Irrealitätsindex, der unsere Wirklichkeitssicht zunächst in Frage stellte, wieder in Geltung gesetzt.

Bezogen auf das Maskenwesen heißt dies, dass der Aspekt seiner Einheitlichkeit in neuer Weise hervortritt. Der Spieler verschmilzt mit seiner Maske nicht mehr auf der durch die Möglichkeit unseres analytisch-synthetischen »Doppelgriffs« verminderten Realitätsebene des Spiels, sondern so, dass wir die Elemente weder einfach voneinander trennen noch ihre Verbindung aus einem bloßen Spielhandeln heraus verstehen können. Der Aspekt der Einheitlichkeit, um den es hier geht, bringt in die Maskenwahrnehmung etwas vom archaischen Verschmelzen des Maskenträgers mit der Maske hinein, wie es für den kultischen Maskengebrauch immer wieder beschrieben wird. Im Zuge des Maskenspiels erscheint das Maskenwesen als »reale« Verkörperung des auf der Maske dargestellten Gottes, des Ahnen, des zu jagenden Tieres usw., die Maske wird zum Mittler eines *magischen* Grenzübertritts.

Bei der von unserer gewohnten Wirklichkeitseinteilung her insgesamt nurmehr schwer erfassbaren Wirklichkeit, die im magischen Vermittlungsgeschehen hervortreten soll, geht es um eine durch die magische Aneignung von Kräften intensivierte Realität, der die Einheit des Maskenwesens nicht als die immer auch schon dissoziierte des Spiels, sondern als »reale« gilt. Das Verschmelzen mit der Maske ist gleichzeitig eine durch das Eintauchen in den magischen Kräftestrom gesteigerte Bezugnahme auf die Welt.

Das Verschmelzen von Spieler und Maske steht dabei im Zeichen des durch die Maske Dargestellten. So lässt etwa der kultische Umgang mit der Ahnenmaske den verstorbenen Vorfahren aufleben. Der Urvater des Stammes, eine herausgehobene Persönlichkeit, ein Familienmitglied werden verlebendigt, wobei die Lebendig-Setzung im Maskenkult durchaus unter Abzug des Setzungscharakters geschieht. Sie wird nicht erfahren als eine bloß imaginäre Vergegenwärtigung, sondern als eine objektiv-reale Präsenz.

Es wäre jedoch falsch, die nicht mehr in der Spielrealität einzuhegende Erfahrung einer Einheit des Maskenwesens einfach mit dem magischen Verschmelzen gleichzusetzen. Eine ganze Kulturgeschichte trennt uns vom archaischen Zugang. Die »Entzauberung der Welt« hat den magischen Denkweisen und der archaischen Kraft der Masken der Boden entzogen. Im Zuge dieser Entwicklung war es gerade der Übergang vom Kult zur Kunst, der mit dem Zurückdrängen des magischen Vermittlungscharakters die Maske zur Spielmaske und zum Teil einer Spielrealität werden ließ.

Die unklare und verstörende Einheit des Anfangs bewahrt jedoch etwas von jener Erfahrung, die auch durch die Erkenntnis der Zusammensetzung und die Eingrenzung einer Spielrealität nicht vollständig wegzuarbeiten ist. Das Maskenwesen behält einen geheimnisvollen Rest, durch den es sich uns als Objekt des erkennenden Zugriffs und des problemlosen ästhetischen Genusses entzieht. Es bleibt etwas von dem Schockhaften zurück, das allen Übergängen zu anderen Deutungsebenen eigentümlich ist. Ein »Sprung« im Sinne Kierkegaards macht sich geltend, der nach Schütz und Luckmann[54] stets dort anzutreffen ist, wo wir von einem geschlossenen Sinngebiet zu einem anderen gelangen. Es ist die Plötzlichkeit, mit der sich ein anderes Deutungskontinuum mit seinem besonderen Erkenntnis- und Erlebnisstil und der für ihn charakteristischen Bewusstseinsspannung manifestiert.

II Masken im Kontext

Woraus resultiert die besondere Eindringlichkeit der Maskenerfahrung? Der erste Teil führte auf einige der Bedingungen, die hier wirksam sind. Ausgangspunkt war das menschliche Gesicht als Grundgegebenheit der Wahrnehmungs- und Bilderwelt. Ein zweiter Schritt behandelte das Verfremdungspotenzial von besonderen, der Starre der Maske entsprechenden Gesichtsausdrücken. Ein dritter Schritt ging der Verbindung von Mensch und Maske nach, die mit ihrer oszillierenden Erscheinung Grundeinteilungen unserer Wirklichkeitssicht in Frage stellt.

Diese drei Schritte führen in allgemeinerer Form zu Antworten auf die Ausgangsfrage: Die besondere Eindringlichkeit der Maske hat erstens damit zu tun, dass sie in einem engen Bezug zum Gesicht als der wohl wichtigsten Gegebenheit steht, mit der wir es im Alltag zu tun haben. Das Gesicht ist ein besonderer Knotenpunkt zwischen dem Selbst, den Anderen und der Welt, es ist ein wesentlicher Faktor der körpergebundenen Kommunikation und gleichzeitig ein Transzendenzgegenstand, in dem – gegenläufig zu allem schlechten Physiognomisieren – die Andersheit des Anderen offenbar wird.

Die Maskenerfahrung resultiert zweitens aus der Verfremdung dieser Grundgegebenheit. Als Darstellung und Verhüllung eines Gesichts nimmt die Maske Veränderungen an der Gegebenheit vor, die eine so zentrale Rolle in unseren Wahrnehmungen und Vorstellungen spielt – wobei sie mit ihrer Starre Gesichtsausdrücke aufgreift, die schon von sich her eine besondere Wirkung haben.

Schließlich ist die schwer zu fixierende Vieldeutigkeit zu nennen. Die Verbindung Maske – Mensch mit ihren »realen«, spielerischen und magischen Anteilen zeigt die Grenzen zwischen grundlegenden Deutungsebenen in der Weltorientierung an, gerade indem sie diese überschreitet. Sie zieht Rahmungsprobleme nach sich, die mit dramatischer, bedrohlicher oder schockhafter Intensität aufbrechen können. Die Wirksamkeit der Maske beruht nicht zuletzt darauf, dass sie in Frage stellt, was sonst so handfest als »Wirklichkeit« gilt.

Vor dem Hintergrund dieser Ergebnisse ist der Maskenerfahrung nun spezifischer nachzugehen. Unterschiedliche Masken und Maskentypen werden in den Kontexten ihres Gebrauchs thematisiert, wobei die dabei angezeigten und überschrittenen Deutungskontinua des »Realen«, Spielerischen und Magischen den formal-inhaltlichen Gesichtspunkt der Gliederung abgeben. Die nähere Explikation reflektiert dann jeweils auch auf die Bestimmtheit des Überschreitens, auf die Art und Weise, wie die Masken ein Deutungskontinuum auf die Zirkularität der Modulationen hin öffnen.

Die Akzentuierung der »wirklichen« Realität

Es gibt eine Reihe von Masken, die vorrangig der »wirklichen« Realität zugeschlagen werden, auch wenn die Ausnahmesituationen, auf die sie verweisen, sogleich deren Randbereich markieren. Dies gilt für viele Masken, die wir von ihrer technischen Funktion her erfassen, etwa für Schutz- und Arbeitsmasken, die im Kontext eines auf Dinge und materielle Gegebenheiten bezogenen Wirkens und Leidens Gefahren abhalten sollen, oder für Masken der Gewalt, deren Ort das Wirken und Leiden im Rahmen menschlicher Konflikte ist. Zum anderen sind hier die Totenmasken zu nennen, die ein Herausfallen aus dem Rahmen menschlichen Wirkens und Leidens anzeigen.

Masken der Gefahr

Bei den vorrangig der Ebene der »wirklichen« Realität zugeschlagenen *Schutz- und Arbeitsmasken* tritt der für diese Deutungsebene charakteristische Zusammenhang von Einheit und Zweiheit hervor. Maske und Mensch werden in der bereits beschriebenen Weise gedanklich voneinander abgehoben und gleichzeitig vom zweckhaften Tun des Maskenträgers her synthetisiert. Besonderes Gewicht erhält hier zudem der materiell-gegenständliche Weltbezug, denn die Schutz- und Arbeitsmasken sind Teil einer weltgerichteten, materiell-gegenständlichen Aktivität. Entsprechend sind es drei Momente – Mensch, Maske und die materiell umzuformende Welt – die hier aufeinander verweisen.

Das Bezeichnungsverhältnis wird spezifischer von einer Gefährdung bestimmt. Der Arbeitende steht in einem materiellen Ursache-Wirkungs-Zusammenhang, in dessen Rahmen er seine Zwecke durchsetzen will. Gleichzeitig kann dieser Zusammenhang gegen ihn ausschlagen. In der Schutz- und Arbeitsmaske vergegenständlicht sich eine Zwiespältigkeit des materiellen Gegenstandsbezugs.

Durch die Art und Weise, in der die Maske zwischen dem Träger und der Welt steht, fällt der Akzent einmal auf die Verletzbarkeit des menschlichen Körpers bzw. auf die Materialität, von der diese Gefahren ausgehen. Die Maske verweist sowohl auf den Körper als einen von Einwirkungen gefährdeten wie auch auf eine Welt, die im Zuge der besonderen Verrichtungen des Trägers ihre gefahrvollen Eigenschaften hervorkehrt.

Zum anderen bezeichnen der verletzbare Körper und die von der Welt ausgehenden Gefahren auch die Maske. Mit ihr setzt sich der Träger der äußeren Welt entgegen. Sie erscheint als Instrument, dessen Form, Beschaffenheit, räumliche Lage und Handhabung von den Gefahren her erhellt, die sie abhalten soll. In der Form und materiellen Beschaffenheit der Maske spiegelt sich die Gefährdung des Körpers in der materiellen Welt, insofern sie ihr entgegenwirken soll. Auch Schutz- und Arbeitsmasken geben verfremdende Gesichtsdarstellungen. Diese sind jedoch insofern kontingent, als sie nicht auf die Darstellung, sondern auf einen besonderen Aspekt der Verhüllung, nämlich auf Schutz- und Arbeitsfunktionen hin konzipiert sind, die sie zu erfüllen und zu gewährleisten haben. So stellt sich die Umsicht, die die Arbeitstätigkeit erfordert, in Sehöffnungen dar. Sehschlitze, Visiere, Brillen und Lichtfilter ermöglichen es, die Sehfunktionen unter widrigen Bedingungen aufrechtzuerhalten. Im Hinblick auf die physiologischen Erfordernisse treten vor allem die Atemvorgänge hervor. Öffnungen, Schläuche, Schnorchel oder besondere Filtereinrichtungen sind den Einsatzbedingungen gemäß konzipiert.

Doch bei aller Kontingenz der Darstellungsseite bleibt der Anblick entsprechender Masken nicht ohne Wirkung. Denn auch wenn sie ganz profan, ohne Überschuss über das, was den praktischen Verrichtungen geschuldet ist, ohne dramatische oder magische Intensivierung erscheinen, so verweisen sie doch nachdrücklich auf die Gefährdung des Menschen in der Auseinandersetzung mit der materiell-gegenständlichen Welt. Die Maske steht für das Vordringen in Gegenstandsbereiche, die den ungeschützten Körper bedrohen. Sie zeigt an, dass bestimmte Verrichtungen sich in einem Kontext abspielen, in dem erhöhte Aufmerksamkeit und besondere Umsicht erforderlich sind. Bezogen auf die appräsentierte Wahrnehmung des Trägers erscheint die Maske als besondere Eindrucksfläche. Sie steht für das, was der Maskenträger sehen muss, für das prekäre Umfeld, das sich ihm präsentiert.

Sie erscheint aber auch als Ausdrucksfläche. Dabei ist für sie – wie für viele andere Masken auch – charakteristisch, dass sie die *Aufmerksamkeitsrichtung* in besonderer Weise anzeigt. Aufmerksamkeitsrichtungen und ihre Veränderung treten ja bereits im unmaskierten Zustand deutlich hervor – man denke nur an die Bewegungen des Blicks. Beim Maskenträger erhalten sie noch größeren Nachdruck. Fast wie ein Scheinwerfer scheint der Blick hier über die umgebende Welt zu streifen.

Diese Wirkung resultiert nicht zuletzt aus der Starre des Maskenausdrucks und dem durch die Maske eingeschränkten Sehradius. Der Maskenträger muss, um sehen zu können, eine frontale Sehhaltung einnehmen, die Veränderung der Blickrichtung macht stets eine Drehung des Kopfs, des Rumpfs oder des ganzen Körpers erforderlich, die gegenüber der bloßen Augenbewegung des Unmaskierten als besondere Hinwendung zum Gegenstand erscheint. Zudem geben die von der Abfolge von Kopf-, Rumpf- oder Ganzkörperbewegungen angezeigten Wechsel der Aufmerksamkeitsrichtung zusammen mit dem unveränderten Ausdruck den Vorgängen eine bestimmte Förmlichkeit. Etwas Mechanisch-Zeremonielles scheint hier vor sich zu gehen, Maske und Mensch verbinden sich zu einem Maskenwesen.

Die besondere Signifikanz des sich in dieser Weise darbietenden Wahrnehmungsvorgangs wird zunächst am Ausschnitt der Umgebung deutlich, auf den der Blick dieses Wesens unmittelbar zielt. Wie mit Fäden scheint der Ausschnitt an den Blick gebunden zu sein und gewinnt so Anteil an der Verfremdung. Gleichzeitig spiegelt sich in dieser verfremdenden Teilhabe auch das Maskenwesen. Die durch seine Wahrnehmung »überbedeuteten« Dinge bedeuten nun auch wieder es.

Der von der Aufmerksamkeitsrichtung akzentuierte Spiegelungszusammenhang hat jedoch nicht nur einen linearen, auf einzelne Gegenstände bezogenen Charakter, sondern betrifft das ganze Feld. Alle Gegenstände in einem mehr oder weniger großen Umkreis – ob aktuell wahrgenommen oder nicht – scheinen mit dem Maskenwesen verbunden zu sein. Es durchdringt das Umfeld mit seiner Präsenz und zentriert die Dinge auf sich. Das Maskenwesen erscheint auch als die Veränderung, die die Dinge durch seine Anwesenheit erfahren.

Die Schutzmasken lassen die Aufmerksamkeitsrichtung und ihren Wechsel zudem noch durch die materiell-gegenständliche Gefährdung hindurch erscheinen. Die Hinwendung zum Gegenstand wird in ihrer Eindringlichkeit noch gesteigert, indem sie als Vergegenwärtigung der Gefahr erscheint.

Die Fremdartigkeit des Maskenwesens korreliert dabei mit dem abweisenden Umfeld. Das Enthobene, Förmliche und Starre, das von ihm ausgeht, entspricht einer lebensweltlichen Exterritorialität, dem bedrohlichen Zusammenhang, in dem es sich bewegt. Jeder Blick, jede Geste steht für diesen Wechselbezug, für die Zirkularität von zweckverfolgender Tätigkeit und abweisender Umfeldbedingung, für ein Hin und Her im Wechselspiel des Bedeutens, das die Szene bestimmt.

Bei der Einführung der alltagsontologischen Kategorie der »wirklichen« Realität wurde bereits deutlich, wie beim Maskenwesen eine Erkenntnis festhalten muss, was das Gesicht sonst auf direkterem Wege anzeigt – dass wir es nämlich mit einem Menschen und mit menschlichen Handlungsfähigkeiten zu tun haben. Der Umweg, der hier nötig ist, wird bei den Schutz- und Arbeitsmasken zur Einfallstrecke für eine reduktive, den Aspekt der Gefährdung konterkarierende Deutung des Geschehens.

Dies hängt eng mit einer entpersönlichenden Wirkung zusammen, die von der Maske ausgeht. Neben der Starre und Reglosigkeit, die für Masken weithin charakteristisch ist, ist bei der Schutzmaske noch das von der technischen Funktion bestimmte Aussehen, eine mit der industriellen Herstellung verbundene Serialisierung sowie ein von Apparaturen und technischen Objekten bestimmter Kontext des Erscheinens in Rechnung zu stellen. All dies entzieht den Bewegungen des Maskenwesens den Charakter menschlichen Tuns. Sein Handeln scheint etwas Mechanisches zu sein, das vom mechanisch-kausalen Komplex ganz absorbiert wird. Die oben schon angesprochene Deutungsweise, nach der das Maskenwesen sich auf der Ebene der »wirklichen« Realität nicht nur als Einheit der Zweiheit Maske – Mensch, sondern auch als Einheit toter Gegenständlichkeit darbieten kann, macht sich hier geltend.

Das von dieser Reduktionsbewegung bestimmte Erscheinen hat jedoch wiederum seine Eindringlichkeit. Während das bloß Gegenständliche gegenüber der unklaren Einheit, die oben Ausgangspunkt war, das Deutungskontinuum unserer Alltagswirklichkeit sicherte, wirkt es nun verstörend. Denn das Tun des Maskenwesens als eine Abfolge unpersönlicher mechanischer Bewegungen ist hier nicht eine zweite Deutungsweise, die ruhig neben der ersten bestehen kann. Die nun veranschlagte Einheit toter Gegenständlichkeit tritt in einen spannungsvollen Bezug zu der Deutung, die von den zweckhaften Handlungen des Trägers her die Einheit einer Zweiheit Mensch – Maske, respektive einer die Welt als praktisches Bezugsfeld mit einbeziehenden Dreiheit synthetisiert.

Das Spannungsverhältnis erscheint dabei zunächst als Umschlagen in der Reduktionsbewegung selbst. Das, was eben noch vom Zweckhaften her verstanden wurde, wird auf bloße Kausalität reduziert. Das nurmehr mechanisch gedeutete Gebilde erscheint jedoch nicht einfach als ein solches, sondern – ähnlich wie das Automatenwesen Olimpia – als eines, das sich eben noch als zweckverfolgendes Wesen darbot. Die in Abzug kommende Einbettung in den teleologischen Praxisbogen wird als eine nach außen gekehrte Mechanik wahrgenommen, als besondere Leere, als »Nacktheit« des Mechanischen.

Dies Umschlagen ist gleichzeitig Verlust des Synthesepunkts, von dem her der Zusammenhang Mensch – Maske – Welt erschien. Das Zentrum des Felds wird nivelliert. Wir appräsentieren nicht mehr ein »Innen«, das wir »hinter der Maske« vermuten, und gehen von ihm zu einem »Zwischen«, der Maske selbst, und zu einem »Außen«, der umgebenden Welt, sondern von Äußerlichkeit zu Äußerlichkeit, von der Materialität der Maske und der sie umgebenden Welt zu jener anderen Exteriorität, die von der Maske verdeckt wird. Das Subjekt wird zu einem im mechanischen Zusammenspiel veräußerlichten Durchgangspunkt.

Die entpersönlichende Wirkung der Maske und die von ihr ausgehende Reduktion des zweckhaften Tuns auf das Mechanische konterkariert auch die Wahrnehmung der Gefahr: Ein Mechanismus kann beschädigt oder zerstört werden, er ist jedoch nicht wie ein lebendiges Wesen gefährdet, er kann nicht verletzt oder getötet werden. Die Perspektivierung eines gefahrvollen Vorgangs vom Handelnden her geht in sachliche Erwägungen hinsichtlich der möglichen Friktionen in einem Komplex bloßer Dinge über – die Maske entzieht das Antlitz, sie verschließt den Zugang zum Anderen, der seine Verletzbarkeit offenbart.

Das Verhältnis zwischen beiden Deutungsweisen gestaltet sich jedoch noch komplexer, da die von der Maske vorgezeichnete Reduktion meist nur in einem eingeschränkten Sinne vollzogen bzw. in ihrem Vollzug auch schon wieder rückgängig gemacht wird: Entweder erscheint die Annahme, dass das, was sich ursprünglich als Mensch darstellte, nur ein Mechanismus, ein Automat ist, überhaupt nicht als eine »Erkenntnis«, für die wir beanspruchen, dass sie mit dem Wahrnehmungsgegenstand im Sinne von objektiver Wahrheit übereinstimme, oder der Eindruck des Automatenhaften ist nur für einen Moment bestimmend, einen Augenblick nur gewinnt er die Oberhand.

Insofern in beiden Fällen klar wird, dass die Maske eine reduzierende Sichtweise befördern kann, indem sie die Perspektivierung des Geschehens vom Anderen her unterminiert, kann auch das Erschrecken über die Reduktion umschlagen in ein Erschrecken über das Gewaltsame einer Sicht, die der Gefährdung des Anderen keine Bedeutung mehr beimisst. Gegenüber den Exerzitien eines zweifelhaften Heroismus, der im reduktiven »Verschwindenlassen« der Gefahr seine Beruhigung sucht, wird der Nachvollzug der Reduktionsbewegung selbst zum Anlass einer Beunruhigung. Das Verschwinden des Synthesepunktes, die Reduktion auf Mechanik, die Dezentrierung, die so leicht zu bewerkstelligen ist, führt auf den schmalen Satz von Bedingungen, unter denen die Schutzbedürftigkeit des Anderen aufzuscheinen vermag.

Und auch für dieses Erschrecken über ihre Möglichkeiten kann die Maske selbst einstehen. Sie verweist auf die Diskrepanz zwischen jener bild- und namenlosen Gefährdung, zu der sie den Träger verurteilt, und der personal gelebten Gefährdung, die sich ihm erschließt. Indem an ihr die Verletzbarkeit als unterschlagene aufscheint, akzentuiert sie diese als verfehlte. Als Mittel der Abtrennung und Verhüllung wird sie zur Spur des Eingedenkens.

Die von den Schutzmasken angezeigten Gefahren sind spezifischer von den drei den Arbeitsprozess bestimmenden Momenten, vom Arbeitsgegenstand, vom Arbeitsmittel und von den Bewegungen des Arbeitenden her aufzuschlüsseln. Im Verweisungsbezug von Mensch, Maske und umgebender Welt treten auf der Seite der umgebenden Welt dabei die Instrumente und Arbeitsgegenstände näher hervor.

Verweise auf die vorrangig von einem *Instrument* ausgehenden oder über es vermittelten Gefahren liefern viele bei handwerklichen und industriellen Tätigkeiten verwendete Masken und Helme. So sind etwa Schutzbrillen und Visiere, insofern sie vor dem konzentrierten Licht bei Schweißarbeiten schützen sollen, auf eine direkt vom Instrument ausgehende Gefahr bezogen. Es können jedoch auch die aus den instrumentellen Einwirkungen auf den Gegenstand entstehenden Gefahren im Mittelpunkt stehen.

Dem Instrument als solchem gilt vor allem in den vorbereitenden oder kontrollierenden Sequenzen die Aufmerksamkeit. Im Arbeitsprozess ist diese dagegen zumeist auf den Arbeitsgegenstand oder die Kontaktstelle zwischen Instrument und Gegenstand gerichtet, sodass das Werkzeug mit seinem Potenzial zu einer Verlängerung des Arbeitenden wird. Er überschreitet es wie den eigenen Körper auf den Arbeitsgegenstand hin.

Das Überschreiten ist als zweckhafte Organisation des Kausalzusammenhangs, den der Arbeitende zwischen seinem Körper, dem Arbeitsmittel und dem Arbeitsgegenstand aufmacht, zugleich Einverleibung des Instruments und der ihm innewohnenden Kräfte. Durch sie ist er bei seinem Gegenstand, sich des Arbeitsmittels und seiner Wirkfähigkeiten bedienend erscheint er als mit einer besonderen Macht ausgestattet.

Diese Wirkmacht spiegelt sich wiederum in der Maske. Sie steht für den Machtzuwachs, den der Arbeitende durch das Instrument erfährt und zeigt zugleich, dass die aus der instrumentellen Verlängerung resultierende Macht ihn auch gefährdet – sie kann sich auch gegen ihn kehren. Um sie zu nutzen, muss er sie zügeln und sich vor Friktionen schützen. Die Schutzmaske ist die Schnittstelle eines Spannungsbezugs, in dem sie eine die Nutzanwendung des Instruments begleitende schädliche Wirkung abhalten soll.

Machtzuwachs und Gefährdung werden von der Maske jedoch auch verfremdet. Gerade dann, wenn die Wirkmacht des Instruments die Körperkraft des Trägers weit übersteigt, tritt wieder ihre entpersonalisierende Wirkung zutage. Die Übermacht des Instruments spiegelt sich in der entindividualisierenden Maske, die dem Arbeitenden a fortiori die Rolle des Anhängsels, des unpersönlichen und austauschbaren Agenten zuweist.

Die Entpersonalisierung tendiert auch wieder zur mechanistischen Reduktion, besonders dann, wenn ein die Tätigkeit subsumierender Zusammenhang der Dinge und ein besonderes Eingespieltsein auf die vorgegebenen Abläufe sichtbar wird, wenn vertraute und sich in kurzen Intervallen wiederholende Sequenzen ohne größere, die Zweckhaftigkeit des Tuns hervorkehrende Anpassungsaktivitäten ablaufen und in ihrem Ablauf tatsächlich mechanisiert erscheinen. Entsprechend tendiert auch die Gefährdung wieder dahin, als Möglichkeit der »Beschädigung« oder »Zerstörung« bloß eines Dings zu erscheinen.

Ein anderer Effekt, den das Zusammenspiel von Entpersonalisierung und instrumentellem Machtzuwachs nahe legt, kann die Überhöhung sein. Das Gesicht unter dem Helm, hinter der Maske oder auch nur unter dem Arbeitsschmutz dient der propagandistischen Stilisierung eines mechanischen Heldentums. Die Anonymisierung und das Beherrschtwerden vom Mechanismus soll von einer Heroisierung aufgewogen werden, die den Mechanismus zu umgreifen vorgibt. Die Entpersonalisierung durch die Übermacht der Dinge soll sich in die unpersönliche Ferne eines arbeitenden Gottes verkehren, dessen Macht der alltäglichen Ohnmacht enthoben ist.

Entsprechend verliert die Gefährdung bzw. die auf die Möglichkeit bloß dinglicher Beschädigung oder Zerstörung reduzierte Gefahr nun gänzlich ihren bedrohlichen Charakter. Der stilisierte Arbeitsgott erscheint als der Gefahr enthoben, diese bestimmt ihn nur noch negativ, indem die Stilisierung gerade das Enthobensein darstellt.

Gegenüber der sich von den instrumentellen Wirkfähigkeiten herleitenden Gefährdung, die als eine Macht des Tätigen, die sich gegen ihn kehren kann, erscheint, werden Gefahren, die vom *Arbeitsgegenstand* ausgehen, von vornherein stärker als fremde Macht perspektiviert. Die Schutzvorrichtungen erscheinen entsprechend als Utensilien des »Kampfs« gegen diese Macht.

In den Schutzvorrichtungen können sich die den Gegenständen generell oder unter besonderen Umständen innewohnenden physikalischen Kräfte darstellen. In noch recht unspezifischer Weise ist dies der Fall, wo vor Wirkungen der Schwerkraft, etwa vor herabfallenden Gegenständen zu schützen ist. Der Charakter eines Utensils im »Kampf« gegen eine fremde Macht tritt an den Schutzvorrichtungen und Masken dort deutlicher hervor, wo es nicht mehr um relativ träge, sondern um »energiegeladene« Materialien geht, etwa beim Abstich flüssigen Roheisens, beim Entschärfen von Kampfmitteln oder beim Bekämpfen von Brandherden. Die Masken sollen nun gegen einen von den Materialien und Gegenständen selbst induzierten Vorgang schützen. Sie bedeuten das Vordringen in eine »Exterritorialität«, in den Bannkreis eines sich menschlicher Botmäßigkeit nicht umstandslos beugenden Arbeitsgegenstands.

Beispiele für das Vordringen in lebensfeindliche Bereiche geben auch die Sauerstoffmasken der Taucher, Bergsteiger, Piloten und Raumfahrer. Nur ist es hier nicht mehr ein ausgrenzbarer Gegenstand, um den herum sich ein Feld der Gefahr legt, sondern ein ausgedehnter Raum des Mangels. Charakteristischerweise spitzt sich das Drama des »Kampfs« gegen eine fremde Macht hier erst zu, wenn die Gefahr besteht, dass der Mangel durch die Schutzvorrichtung nicht mehr kompensiert werden kann.

Besondere Verweise auf eine Gefährdung bieten schließlich Gas-, Atem- und Strahlenschutzmasken. Sie betreffen nicht bloß einen Mangel, der in einem bestimmten Raum auftritt, sondern aggressive Wirkungen, die von meist unsichtbaren, nur schwer zu lokalisierenden und dinglich kaum eingrenzbaren Stoffen und Strahlungen herrühren. Die von diesen Masken evozierte Widrigkeit hat einen gespenstischen Charakter. Mit der Ungreifbarkeit der Gefahr rücken sie auch stärker als andere Schutzmasken das alltägliche Lebensumfeld als potenziellen Ort der Gefährdung in den Blick.

Weitere Schutzvorrichtungen, die Maskencharakter annehmen, sind eher vom *Träger* und seinen Bewegungen her zu beschreiben. Sie sind auf Situationen zugeschnitten, in denen sich weniger die Objekte als vielmehr die Träger selbst so bewegen, dass eine Gefährdung entsteht. Es handelt sich um Sturzhelme, Visiere und Brillen, wie sie etwa beim Motorradfahren oder bei verschiedenen Rennsportarten verwendet werden.

Wie bei anderen instrumentellen Tätigkeiten verleibt der Träger sich hier das ihm aus der Nutzung eines Instruments zuwachsende Energiepotenzial ein. Dies geschieht jedoch in einer spezifischen Weise. Während er die Kraft, die er dem Arbeitsinstrument entlieh, auf einen äußeren Gegenstand richtete, wird er sich nun selbst zum Gegenstand seines Tuns – das Fortbewegungsmittel soll *ihn* befördern. Ziel ist nicht die Veränderung äußerer Dinge, sondern die Veränderung seiner Stellung zu ihnen. Das Instrument vermittelt seinen Ortswechsel.

Entsprechend gefährdet hier nicht so sehr die Energie des Instruments oder die von ihm auf einen äußeren Gegenstand übertragene Kraft. Die Gefahr entspringt der Energie, die der Maskenträger als eigene Bewegung gegenüber den Dingen absorbiert.

Die Helme und Visiere als »Masken der Bewegung« indizieren auf ihre Weise die Exterritorialität eines Raums der Gefahr. Die Kraft, die die Beschleunigung auf den Körper des Trägers ausübt, wird zur Schwelle, die zu diesem Raum führt. Die Gefährdung in ihm besteht so lange, wie die Bewegung mit einer bestimmten Geschwindigkeit anhält, die Verlangsamung erscheint als ein Verlassen des Gefahrenraums.

Im Unterschied zu den festliegenden Räumen der Gefahr konstituiert die Bewegung des Individuums hier einen beweglichen Gefahrenraum. Es führt ihn in seiner Bewegung mit sich, mit jedem widerständigen Gegenstand, den es passiert, konstituiert er sich. Entsprechend gibt es auch hier kein besonderes Objekt der Gefahr mehr, sondern alle sich der Bewegung möglicherweise widersetzenden Gegenstände fallen zum Zeitpunkt der Annäherung unter diese Gegenstandskategorie.

In viel nachhaltigerer Weise als bei der schon beschriebenen Aneignung instrumenteller Kräfte gewinnt der sich Fortbewegende Anteil an den Potenzialen des Instruments. Er ist Teil eines physikalischen Ursache-Wirkungs-Zusammenhangs, der sich nicht nur auf einen äußeren Gegenstand richtet, sondern auf seinen Körper selbst. Dabei ist er bemüht, die Ursache-Wirkungs-Kette, in die er sich einspannt, genau zu kontrollieren. Er versucht, die rein kausale Logik, die sich von selbst weiterbestimmen würde, seiner Zielsetzung zu unterwerfen. Die von ihm ausgerichtete Kausalität soll ihn an sein Ziel befördern.

Aus diesem Zusammenspiel von Kausalität und Teleologie resultiert der prekäre Charakter der Macht, die dem sich Fortbewegenden durch das Instrument zuwächst. Es geht in jedem Augenblick darum, ob die Kausalität dem teleologisch-praktischen Moment des Handelns unterworfen bleibt oder ob sie sich blind weiterbestimmt und die Drohung der widerständigen Dinge angesichts seiner Bewegung realisiert.

Die Verfremdung des Gesichts durch Helme und Visiere korrespondiert auf das Engste mit dieser Ambivalenz. Denn als Masken der Bewegung verweisen sie nicht auf die ruhige Überlegenheit einer relativ gesicherten Macht, sie markieren vielmehr eine Aneignung von Macht, die der Gefährdung durch sie immer wieder abgerungen werden muss. Andererseits stehen deren Starre und der gleichbleibende »Ausdruck« in auffälligem Kontrast zum stets möglichen Umschlag des Geschehens. Sie scheinen eine Gleichgültigkeit des Trägers angesichts der Gefahr zu signalisieren. Die Wirkung der Masken der Bewegung resultiert wesentlich aus dieser »Kühle« angesichts der Gefahr.

Diese Haltung lässt sich wiederum als etwas deuten, das den mechanischen Kräften, in die der Träger sich einspannt, korrespondiert, als eine Art Mimesis des Maschinenhaften. Der Fahrer erscheint mit dem Gefährt verwachsen, er wird zu einem Teil von ineinandergreifenden, aufeinander abgestimmten Aggregaten, er geht auf in der Logik dieses Zusammenspiels. Er scheint einer mechanischen Welt anzugehören, in der materielle Friktionen vorkommen können, in der die Suche nach dem »Limit« die Gefahr jedoch abzublenden hat. Die vom Helm signalisierte Gleichgültigkeit kann als Kaltblütigkeit erscheinen, als Fähigkeit, das Bewusstsein der Gefährdung weitgehend abzudrängen. Sie kann sich auch als Leichtsinn oder Tollkühnheit darstellen, die im Unwissen oder im leichtfertigen Übergehen der Gefahr gründen.

Die sich mit der Unsichtbarkeit der Ausdrucksveränderung darstellende »Kühle« angesichts der Gefahr kann schließlich als besondere Konzentration erscheinen. Der unveränderliche »Ausdruck« evoziert ein »Gesicht«, das nicht mehr Ein- und Ausdrucksfläche angesichts einer in ihrer Vielfalt erscheinenden Welt, sondern nur noch Durchgangspunkt eines einsinnigen, vollständig auf eine Sache gerichteten Weltkontakts ist. Der Ausführende muss voll und ganz bei der Sache sein, will er die Aufgabe meistern. Das Ausblenden des veränderlichen Gesichtsausdrucks und die sich darin mit ausblendende Vielgestaltigkeit des Weltkontakts verweisen auf den Maskenträger als ein ganz von seiner Aufgabe absorbiertes, vollständig auf das eingegrenzte Aufmerksamkeitsfeld konzentriertes Wesen.

Die vollständige Konzentration auf die Sache ist jedoch nur möglich, wenn die Gefahr dem Handelnden nicht als solche thematisch wird. So darf sie ihn während der Handlung beispielsweise nicht durch Vorstellungen dessen, was geschehen könnte, ablenken. Die Tatsache, dass sie nicht thematisch gegeben sein darf, bedeutet jedoch nicht, dass sie einfach »vergessen« wird. Die »Kühle« als Konzentration ist im Unterschied zum Leichtsinn oder der Tollkühnheit kein blindes Übergehen der Gefahr, vielmehr erwächst sie aus dieser. Statt als ein bestimmtes Etwas ist sie der Situation unthematisch eingeschrieben, als eine Forderung nach einem bestimmten Überschreiten der Situation. Die Gefahr motiviert die Reduktion der Wahrnehmung auf den gefährdenden Sachverhalt und gleichzeitig die Intensivierung der Konzentration. Die Gefahr steht hinter dem Nachdruck, mit dem der Handelnde sich auf die schnell und präzise auszuführenden Tätigkeiten richtet, sie bindet die Aufmerksamkeit in der Zeit, sie gibt die Situation als eine Aufgabe, die keine Ablenkung zulässt, sondern lückenlose Aufmerksamkeit erfordert.

Wie eingangs erwähnt, kann die als Konzentration gedeutete Starre der Maske eine »unmittelbare« Verbindung des »Innen« mit dem »Außen« evozieren. Als Objekt, an dem sich der konzentrierte, einsinnig gerichtete Weltkontakt des Maskenwesens zunächst erschließt, tritt sie angesichts dessen, was sie erschließt, allerdings auch in bestimmter Weise zurück. Indem sie den Handelnden als ganz in seiner Aufgabe aufgehend zeigt, steht sie für eine Art Absterben der Vermittlung, für das praktisch übergangene »Zwischen« des Ausdrucks angesichts eines ganz auf das »Außen« gerichteten, distanzlos in ihm engagierten »Innen«. Das Unveränderliche des Ausdrucks angesichts des konzentrierten Zusammenschlusses mit der Sache indiziert die Marginalisierung des Ausdrucks selbst.

Die bisher behandelten Schutzmasken waren Masken der Gefahr. Sie galten dem Schutz des Trägers im Umgang mit bestimmten Ausschnitten der materiellen Welt. Daneben gibt es jedoch auch Masken, die zwar ebenfalls den Umgang mit der materiellen Welt betreffen, bei denen der Schutz des Trägers aber keine oder nur eine untergeordnete Rolle spielt.

Dabei handelt es sich einmal um maskenförmige Gebilde, die dem Tätigen einen sinnlichen und instrumentellen Zugang zu seinem Gegenstand verschaffen, etwa Lupenbrillen, Ferngläser, Nachtsichtgeräte, Periskope usw., die sein Sehvermögen erweitern sollen.

Daneben sind Vorrichtungen anzuführen, die die bisher behandelte

Schutzrelation gewissermaßen umkehren und das Umfeld des Tätigen schützen sollen, etwa die Gesichtsmasken der Ärzte oder die Masken, die bei Arbeiten in hoch reinen Räumen Verwendung finden.

Beiden Arten von Masken ist mit den Masken der Gefahr jedoch gemeinsam, dass sie ein Vordringen in exterritoriale Räume indizieren. Es handelt sich um Tätigkeiten in Bereichen, die üblicherweise nicht oder kaum sichtbar sind, in denen kleinste Bewegungen kontrolliert werden müssen, in denen das »Alltäglichste«, die menschlichen Atemvorgänge, zerstörerische Wirkungen hervorrufen können. Sie stellen das Handeln in einem Kontext subtilster Wechselwirkungen dar.

Masken der Gewalt

Im Rückgriff auf den alltäglichen Sprachgebrauch lassen sich bereits die von den Masken der Gefahr angezeigten Widrigkeiten und Friktionen in anthropomorphisierenden Termini des Kampfs beschreiben: Energiegeladene Materien präsentieren sich wie »Gegner«, vor deren »Angriffen« die Masken schützen sollen; Sturzhelme indizieren einen »Kampf« um die Beherrschung eines Geräts in einem Bereich, in dem die Bewegung dem zielgerichteten Handeln zu entgleiten droht.

Im Kontext von Gewaltverhältnissen erhalten die entsprechenden Termini einen präziseren Sinn. Denn hier geht es nicht nur um die Beherrschung eines materiellen Vorgangs, sondern um die Tatsache, dass der Vorgang in das zielgerichtete Handeln eines anderen Aktors eingebunden ist, und zwar in einer Weise, in der die Gefährdung und Schädigung nicht bloß als beiläufige und unbeabsichtigte Folge erscheint, sondern Zweck der Handlung ist. Kampf im Kontext von Gewaltverhältnissen meint die Organisation eines Handlungsfeldes durch entgegengesetzte, einander ausschließende Zwecke unter Verwendung von schädigenden und zerstörenden Mitteln.

Insoweit die Gefahr in Handlungen von anderen gründet, ist den Beschreibungskategorien eine intersubjektive Dimension beizulegen. Es entsteht ein Geflecht von Aktionen und Gegenaktionen, das sich, insofern die Beteiligten um ihre jeweiligen Perspektiven und Handlungsfähigkeiten wissen, um Aspekte der Antizipation und Täuschung anreichert, ja, es konstituiert sich ein Bezugssystem der antagonistischen Zwecke und Handlungen, das die Aktoren mit einer verselbst-ständigten Eigenlogik konfrontieren kann.

In den Masken der Gewalt wird diese intersubjektive Seite in verschiedener Weise kenntlich. Sie sind nicht einfach nur materielle Schutzvorrichtungen, sie sind Teil einer Auseinandersetzung mit anderen. Dies gilt auch dort, wo sie als Masken, Helme oder Visiere bloße Schutzvorrichtungen bleiben. Denn als solche markieren sie im Kontext von Gewaltverhältnissen nicht mehr nur eine Verletzbarkeit, sondern auch den Umstand, dass der Gegner um diese weiß. Sie stehen für die gefährdete Körperpartie, die sie in antizipierender Weise als vom Gegner anvisierte bezeichnen.

Die intersubjektive Bestimmung der Schutzvorrichtung erscheint auch im Hinblick auf Aktivitäten ihres Trägers. Einmal insofern sie diese nicht behindern darf, zum andern insofern sie ihnen dient. Denn die eigenen Übergriffe exponieren den Aktor oft in besonderer Weise der Gefahr, der Schutz ist Bedingung der Aktion. In manchen Fällen, etwa bei bestimmten Helmaufsätzen, wird die Schutzvorrichtung direkt mit dem Mittel des Angriffs kombiniert. Sowohl nach der aktiven wie nach der passiven Seite erscheint an ihr die Bestimmung des Kampfs als einer wechselseitigen, zielgerichteten, materiellen Einwirkung.

Die Antizipation der Aktionen des Gegners führt zu einer weiteren Bestimmung. Auf der Seite des Passiven zeigt sie sich etwa an Gas- oder Strahlenschutzmasken als Utensilien des modernen Kriegs. Das Unsichtbare der Gefährdung, auf das sie sich beziehen, erscheint einmal als genereller Verweis auf das Unsichtbare im menschlichen Handeln selbst. Sie stehen für Trug und List, für die Dimension eines »Innen«, das sich vom »Außen« abschließen kann, für die menschliche Fähigkeit des Verbergens, die unbemerkt Gefährdungen schafft, auf die der Gegner nicht mehr wirksam zu reagieren vermag.

Das Unsichtbare des Mittels korrespondiert mit der verwischten Spur, dem gehüteten Geheimnis, in dem auch der feindliche Zweck sich verbirgt. Das Unsichtbare dieses Zwecks wird zur Leerform der Gefahr, die in der Situation des Kampfes die Erscheinung des Objekts bestimmt. Es ist Rätsel an jedem Ding und Medium einer »rationalen« Paranoia, die alles als mögliches Mittel eines möglichen feindlichen Zwecks vorstellt.

Die Schutzmaske verweist zum anderen auf eine maskenspezifische-re Unsichtbarkeit, insofern sie nämlich den Part der »Tarnkappe« übernimmt. Das mythische Utensil hat seine Äquivalente dabei nicht nur im elektronischen Krieg, in dem eine larvierende Technik unsichtbar macht. Auch weniger vollständige Arten der Tarnung gehören hierher, vor allem natürlich jene, die das Gesicht und den Körper so verhüllen, dass sie sich einer gegebenen Umgebung unauffällig einpassen.

Die Tarnmaske und der Tarnanzug folgen einer Logik des Sehens- und-nicht-gesehen-Werdens. Sie sollen den Körper und das Gesicht einer Fremdwahrnehmung entziehen, die gerade diese Gegebenheiten aus wenigen Anhaltspunkten nachdrücklich und schnell zu einheitlichen Gestalten verbindet. Sie sollen die Wahrnehmungsgewohnheit unterlaufen, nach der ein Mensch in einem Wahrnehmungsfeld sogleich hervorsticht und die umgebenden Dingen auf sich zentriert bzw. zum bloßen Hintergrund seines Erscheinens herabsetzt.

Die Tarnmaske verhüllt das Gesicht, indem sie die Differenz zu Umgebung und Hintergrund nivelliert. Sie konterkariert von der Wirkabsicht her den zweiten Aspekt in der Definition der Maske, wonach diese neben der Verhüllung auch Darstellung eines Gesichts ist. Was in der Tarnmaske dargestellt wird, soll ganz im Gegensatz zur hervorschießenden Charakteristik des Gesichts und der von ihm her gewonnenen maskenhaften Verfremdung gerade etwas Unauffälliges sein, es soll unerkannt im Wahrnehmungsfeld aufgehen.

Dem Wegfall des zweiten definitorischen Aspekts entspricht eine Verdoppelung des ersten. Die Tarnmaske ist wesentlich Verhüllung der Verhüllung. Dabei geht es nicht um eine doppelte Negation, die auf das zunächst Negierte direkt zurückführt. Sie akzentuiert auch nicht die von Film- und Bühneneffekten her bekannte illusionäre Übereinstimmung mit einem lebendigen Gesicht oder die auf den magischen Weltkontakt hin überschießende Einheit des Maskenwesens, vielmehr geht es um das Unauffällige – die Verhüllung des Gesichts soll das Gesichthafte unkenntlich machen, die Tarnmaske soll so im Hintergrund aufgehen, dass jede Gesichtsdarstellung negiert wird.

Was im Hinblick auf die definitorischen Aspekte der Maske vorrangig interessiert, ist jedoch nicht so sehr ein Spiel mit Bestimmungen – das im Übrigen auf die geschmeidigen Mittel der wittgensteinschen »Familienähnlichkeit« zurückgreifen könnte, um ein Feld sich überlappender Bestimmungen auszuweisen – sondern der Wirkaspekt. Und mit Bezug auf ihn ist die Untersuchung der »Masken der Gewalt« bei der Einführung von Kategorien des Intersubjektiven angelangt, die sich unter anderem dadurch auszeichnen, dass an ihnen die Zirkularität des Intersubjektiven als Antizipationslogik des Kampfes in Erscheinung tritt. Die Unsichtbarkeit des Feindes in der Negation der Darstellungsfunktion bzw. in deren Nivellierung auf die Darstellung bloßen Hintergrunds, wie die Tarnmaske sie vorsieht, findet nun gerade in der Antizipationslogik des Kampfes ihre Negation. Denn die Aufhebung der sichtbaren Unterschiede zwischen dem Umgebenden, dem Hintergrund und dem Gesicht setzt alles unter Verdacht. Die Tarnmaske als der Gegenstand, der ein Gesicht verhüllt, indem es die Differenz zu Umgebung und Hintergrund nivelliert, forciert ein Sehen, das nur noch Masken sieht. Der nicht mehr sichtbare Feind ist überall, alles ist Tarnung, nichts mehr Hintergrund. Jedes Ding ist nivellierende Verhüllung eines Gesichts, alles wird gegenläufig zur unterstellten Tarnung auf die Gestalt des Gesichts hin synthetisiert, als die es enttarnt werden soll. Die Verhüllung der Verhüllung, die auf der einen Seite die Gesichtsdarstellung der Maske suspendieren soll, führt auf der anderen Seite zu einer Projektion, der alles als Verhüllung erscheint, um aus ihr die nicht beabsichtigte Darstellung herauszulesen. Die Aufhebung der Darstellungsfunktion und deren projektive Akzentuierung in enttarnender Absicht ergeben im Kontext der intersubjektiven Zirkularität und ihrer Antizipationslogik ein Nullsummenspiel.

Im Unterschied zur Schutzfunktion und im Gegensatz zur nivellierend-verbergenden Funktion kann die Maske und das Maskenhafte im Kontext von Kampf und Gewalt auch direkt darstellende Funktionen übernehmen. Diese beziehen sich zunächst auf den inneren Zusammenhang einer Konfliktpartei und greifen als Uniformierung vor allem die entindividualisierende Seite der Maske auf.

Jede Uniformierung ist Maskierung. Am augenfälligsten erscheint sie in der Einförmigkeit der militärischen Gesten und Bewegungen, der Kleidung oder auch des Haarschnitts. Letzterer gewinnt eine besondere Bedeutung, insofern er unserer Sehgewohnheit entsprechend als Rahmen erscheint, der einzelne Züge und Partien des Gesichts zu jener Einheit zusammenschießen lässt, die für uns den Sammelpunkt der Person bildet. Der militärische Kurzschnitt unterläuft die entsprechende Sehgewohnheit. Er schwächt den Rahmen als eine Grenzbildung, von der her das Besondere und Eigentümliche eines Gesichts erscheint.

Gleichzeitig wirkt ein entgegengesetzter Vorgang paradoxerweise in die gleiche Richtung. Die in ihrem Eigengewicht reduzierte Rahmung durch das Haar wird als starke Abweichung selbst zu einem hervorstechenden Merkmal, das alles andere überdeckt. Es handelt sich um eine Erfahrung, die Europäer – in Umkehrung ihrer Erwartung – z.B. in China machen können, wenn sie nicht zuletzt aufgrund einer auffällig abweichenden Augenform als Europäer identifiziert, aber nur schwer voneinander unterschieden werden können: »Alle Europäer sehen gleich aus ...«

In dieselbe Richtung wie die militärische Haartracht wirkt auch die Vereinheitlichung durch Helme und Mützen. Ja, diese tendiert zu einer noch strikteren Serialisierung, da sie auch die Unterschiede von Haarfarbe und Kopfform weitgehend verbirgt. Nur noch die in den verschiedenen Größen der Utensilien seinerseits serialisierten Größenunterschiede der Träger kommen in Betracht. Andererseits fällt es im Vergleich zu den Rahmenbildungen durch die militärische Haartracht hier leichter, Gesichter voneinander zu unterscheiden. Die militärischen Kopfbedeckungen bilden Gesichtsrahmen, auf die das Sehen durch Gewöhnung und durch die Kopfbedeckungen des Alltags wohl eher eingespielt ist.

Die maskenhafte Entindividualisierung ist ein besonderes Mittel der Verfügbarmachung des Einzelnen. Sie macht mit den schon im Kontext der Arbeitsmasken beschriebenen Reduktionen ernst, indem sie das, was als Antlitz für ein Unverfügbares einsteht, absichtsvoll überspielt. Sie relativiert die Grenze, die die Wahrnehmung eines Individuums den Handlungen anderer für gewöhnlich setzt.

Sie ebnet dabei ebenso den Weg zur militärischen Vernutzung des Einzelnen im Kampf mit dem Feind wie sie in die Konstruktion des Feindbilds einfließt. David Le Breton hat sehr eindringlich beschrieben, wie die Entindividualisierung der Häftlinge in den Nazilagern der Verletzung aller elementaren moralischen Normen der Rücksichtnahme und Schonung Vorschub leistete.[55]

Die maskenhafte Entindividualisierung hat entsprechend auch eine externe und ausgrenzende Funktion. Sie bezeichnet die Opfer, wobei sie nicht zuletzt darauf abzielt, das diese den Vorgang der Bezeichnung noch einmal in selbstzerstörerischer Weise gegen sich selbst richten. Die Entindividualisierung zielt auch auf die Zerstörung eines Selbstbilds, das es dem Einzelnen erst ermöglicht, seine Ansprüche auf Respekt und Anerkennung zu artikulieren.

Im Wechselspiel von ein- und ausgrenzenden Bezeichnungen sind die militärischen Masken zudem ein Mittel einer streng seriell kodifizierten Differenzierung. Die verschiedenen Uniformen, Abzeichen und Ehrbezeigungen markieren Rangunterschiede, die als Hierarchie von Befehl und Gehorsam den militärischen Handlungszusammenhang konstituieren. Die Masken des Rangs erscheinen dabei durchaus wie profane Äquivalente der sich direkt in Gesichtsmasken darstellenden Rangordnung archaischer Gesellschaften.

Die darstellende Funktion der militärischen Masken im Kampf selbst betrifft einmal die Kenntlichkeit, sie bezeichnen Freund und Feind. Als Richtungsgeber für Kampfhandlungen haben sie eine zielbezeichnende Funktion. Dort, wo der Eigengruppe zugehörige militärische Masken in Erscheinung treten, ziehen sie deren Grenzen. Im Kampf wird die Kenntlichkeit der Masken zu einer Frage auf Leben und Tod – wobei der Zielkonflikt zwischen Kenntlichkeit und Tarnung bekanntermaßen häufig im »friendly fire« endet.

Die andere darstellende Funktion im Kampf ist die der Drohung bzw. der Ermutigung. Vor allem in den Konflikten archaischer Gesellschaften integrieren die Masken das Kampfgeschehen in einen magischen Kräftebezug. Sie mobilisieren den Beistand der eigenen Ahnen und Götter gegen den Feind und dessen unsichtbare Helfer. Doch auch in den profanen Kriegen der Moderne und vor allem bei den »warriors« der Söldnertruppen, bei Privatarmeen und Straßengangs spielen maskenhafte Steigerungen des Drohpotenzials eine wichtige Rolle. In den Kriegsberichten und den filmischen Überhöhungen sind entsprechende Sonnenbrillen, Bemalungen, Tätowierungen und sonstige Accessoires zu besichtigen.

Drohmasken vermitteln zusammen mit den entschlossenen Gesichtszügen wiederum Kaltblütigkeit und Distanz angesichts der Gefahr. Doch im Kontext des Kampfs erhalten sie eine eigene Bedeutung. Es geht nicht mehr nur um die Konzentration auf die gefährliche Sache, sondern auch um die überlegene Ruhe angesichts eines Gegners, der die Gefährdung hervorbringt. Die Maske des Kämpfers zeigt sich unbeeindruckt, um seinerseits den Gegner zu beeindrucken: Er wird auch unter Todesgefahr nicht weichen, die feindlichen Aktionen sind von vornherein zum Scheitern verurteilt.

Gleichzeitig verweist die Drohmaske auf die eigenen Handlungsmöglichkeiten. Die Übergriffe des Gegners fordern Aktionen heraus, die zu dessen Untergang führen werden. Die Maske der Entschlossenheit und Überlegenheit ist die antizipatorische Darstellung dieses Ergebnisses. Sie fordert vom Gegner die Unterwerfung, sie präsentiert die Kapitulation als einzig ihm verbliebene rationale Handlungsmöglichkeit.

Die Kaltblütigkeit und Distanz ist dabei auch Verweis auf ihr Gegenteil, auf die Entflammbarkeit und ein unkontrollierbares Rasen. Die verweigerte Unterwerfung wird einen Affektsturm hervorrufen, dessen Wirkungen nicht auszumalen sind. Die Wut wird sich nicht legen, bis sie sich vollständig ausgetobt hat. Denn es ist die substanzielle Bestimmtheit des Trägers dieser Maske, in eine zerstörerische Wut gegen den überzugehen, der ihm nicht willfährig ist.

Die von der Maske des Kriegers akzentuierte Drohung wird in bestimmten asymmetrischen Gewaltverhältnissen, etwa im Zusammenhang mit den Praxen des Ku-Klux-Klan, mit dem Aspekt der Tarnung kombiniert. Die Maske ist dann einerseits Furcht einflößende Antizipation des körperlichen Übergriffs, andererseits Unkenntlichmachung. Im Gegensatz zur Tarnmaske, die in einem gegebenen Umfeld unauffällig machen soll, wird die darstellende Funktion durch die tarnende dabei nicht negiert. Die Tarnung betrifft vor allem die Identität des Trägers, sie soll ihn wie eine Räubermaske anonymisieren.

Entsprechendes ist auch von Folterpraxen her bekannt. Die Anonymisierung, die der Täter durch die Maskierung an sich vornimmt, trägt wie die maskenhafte Entindividualisierung, die er seinem Opfer aufnötigt, dazu bei, moralische Grenzen zu überschreiten: den Unterworfenen nicht als Person wahrnehmen und selbst nicht als moralisch rechenschaftspflichtige Person wahrgenommen werden – die Transzendenzfunktion der Maske ist in beiden Fällen die eines Überstiegs zum Terror.

Für den Täter geht es jedoch nicht nur um eine Tarnung, die ihn vor moralischer Verurteilung, Racheakten oder juristischer Verfolgung schützen soll, die Anonymisierung durch die Maske schützt vor allem auch sein Selbstbild. Sie verhilft ihm zu einer Deutung, nach der die Gewalttat nicht von ihm, sondern von einem Maskenwesen ausgeführt wurde: Als Maskenträger war er »außer sich«, die Innen/Außen-Differenz, auf der die Alltagsvorstellungen vom Subjekt und der Zuschreibbarkeit von Handlungen wesentlich fußen, war aufgehoben, auch er war »distanzlos« Affekten überantwortet, er war von der Maske »substanziell« bestimmt.

Masken des Todes

Der Tod ist einer der Zustände, der die Wahrnehmung von Masken mitbestimmt, indem er dem Gesicht maskenhaft starre Züge verleiht. Die Reglosigkeit des toten Gesichts kehrt in der Starre der Maske wieder und versetzt das Maskenwesen in ein Spannungsfeld zwischen Leben und Tod. Umgekehrt hat auch der Anblick des Toten etwas von der Eindringlichkeit, die für die Erscheinung des maskentragenden Menschen charakteristisch ist.

Der Raum, der sich um einen Toten aufbaut, zentriert die Wahrnehmung in ähnlicher Weise, wie der Maskierte sein Umfeld auf sich hin zu orientieren vermag. Die Zentrierung, die vom Toten ausgeht, ist jedoch ganz negativ. Der ihn umgebende Raum erscheint als sein vormaliger Einzugsbereich, als Raum, in dem er agieren und interagieren konnte und es nun nicht mehr kann. Das Erschrecken, das den Anblick eines Toten begleitet, rührt nicht zuletzt von diesem Umschlag in den praktischen Verweisungsbezügen her.

Der mit dem Tod eintretende Umschlag erschließt sich der Wahrnehmung nicht in einem einmaligen Akt, das Faktum des Todes erscheint nicht wie eine bloße »Information« über eine Zustandsänderung. Es offenbart sich vielmehr in einem Prozess, in dem die besonderen Verweisungsbezüge, die den lebendigen Körper mit seinem Umfeld verbinden, sich permanent entziehen. Der Tod erscheint als eine Abfolge von Negationen der auf den lebendigen Körper bezogenen Erwartungen. Immer wieder tauchen diese Erwartungen auf und werden ebenso oft enttäuscht, immer wieder verweist die tote Hand auf die Umgebung als auf ihr Möglichkeitsfeld und dementiert sogleich den Verweis, immer wieder stellt sich das tote Gesicht als Ausdrucksfläche »innerer« Vorgänge und als Mittel der Bezugnahme dar und entzieht dieser Darstellung durch seine Starre den Grund. Die Erwartungen und Enttäuschungen erzeugen in ihrer Abfolge ein Schwindelgefühl, das den Halt im Deutungskontinuum des Alltags partiell unterminiert.

Die Negation der auf den lebendigen Körper bezogenen Erwartungen lässt sich auch als Ambivalenz von Anwesenheit und Abwesenheit beschreiben. Abwesend ist der Andere als personale Vollzugsform des Lebens, die stets anwesend war als dieser lebendige Körper. Die verstörende Ambivalenz legt eine dualistische Ausdeutung nahe: Die Abwesenheit des Lebens in diesem Körper ist eine Ablösung – die Seele, der Geist, das Lebensprinzip haben ihn verlassen. Die Negation der auf den lebendigen Körper bezogenen Erwartungen erscheint so nicht als Vernichtung, sondern als Transformation, die Abwesenheit indiziert nicht »nichts«, sondern ein anderes Sein, das einer anderen Welt, einer anderen Existenzform, einem gehaltvollen Ziel des endlichen Lebens zugeschlagen wird.

Die Gesichtszüge von Toten nehmen in ihrer Reglosigkeit nicht nur einen maskenhaften Charakter an, sie werden in der Tradition der Totenmaske direkt als Maske abgenommen. In der Totenmaske erscheint vieles von der Eindringlichkeit des toten Gesichts.[56]

Diese besondere Wirkung der Totenmaske gründet wesentlich im dargestellten Gegenstand und der besonderen Beziehung, in der die Maske zu ihm steht. Zunächst bewahrt sie – wie andere Abbildungen auch – das »Wegkippen« der Verweisungsbezüge und die negativ zentrierende Kraft, die von der räumlichen Gegenwart des toten Körpers ausgeht.

Aber auch die anderen Masken betreffen den Tod. Generell sind sie ja durch ihre Starre mit dem toten Gesicht und der Totenmaske verwandt, sie ähneln dem toten Gesicht oder können sich an ihm als Vorlage orientieren, sie können sich zudem symbolisch oder allegorisch auf den Tod beziehen. Ein wesentlicher Unterschied zur Totenmaske besteht jedoch in der Art und Weise, wie der Herstellungsprozess sich in der Rezeption geltend macht.

Gegenüber den anderen Masken erscheint er bei der Totenmaske in besonderer Weise akzentuiert. Er bleibt präsent, insofern eine besondere Nähe zum Tod vonnöten war, die Gegenwart des toten Körpers, ein Kontakt mit dem toten Gesicht. Die Maske hält nicht nur Formeigenschaften des toten Gesichts fest, sondern eine Berührung mit ihm, die sich in der Rezeption oft auch als »magische« Beziehung zum Dargestellten erschließt. Die Berührung wird zur Übertragung einer besonderer Art von »Kraft«.

Die in der Herstellung gegebene Nähe zum Tod wird zudem in einer besonderen Weise vom Material angezeigt. Die Maske repräsentiert gerade in ihrer Materialität die verstörende Verwandlung des belebten menschlichen Körpers in unbelebte Materie. Während die Wirkung anderer Masken sich isoliert vom Gebrauch manchmal der Wirkung bloßer Dinge angleicht, gewinnt die Totenmaske gerade aus ihrer Dinghaftigkeit einen besonderen Zug. Sie hält den Umschlag fest, der eingetreten ist und für die Wahrnehmung immer wieder eintritt: die Reduktion des menschlichen Körpers zum »Ding«, zu toter Materie.

Auf Grund dieser besonderen Nähe zum toten Gesicht tritt der Herstellungsprozess aber auch zurück. Zwar ist die Darstellungsfunktion nicht mehr kontingent wie bei den Schutzmasken – dargestellt werden soll ein bestimmtes Gesicht. Doch scheint es sich dabei nur um das Abnehmen einer vorgegebenen Form zu handeln. Die Maske trägt weniger den Charakter eines Kunstwerks, sondern den eines auratisch aufgeladenen Dokuments. Sie gibt das tote Gesicht scheinbar ohne Zutat, in »authentischer Nähe«. Sie wirkt nicht wie eine ästhetisch distanzierende Übersetzung, sondern als Form, in welcher das Dargestellte selbst Eingang und Dauer gefunden hat. Nicht ein Künstler gibt uns seine Sicht, sondern ein Antlitz scheint für sich zu sprechen.

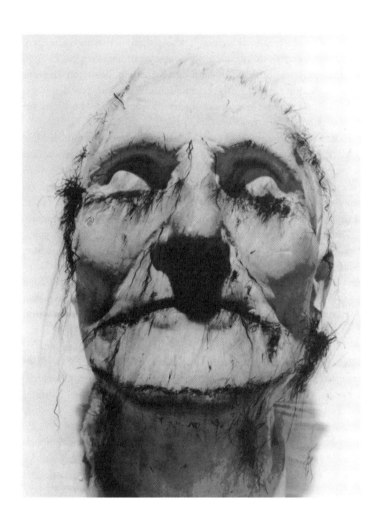

Abb. 4: Arnulf Rainer, Totenmaske (unbekannt)

Doch darf der konstruktive Zug, der hier wirksam wird, nicht unterschlagen werden. Einmal werden Totenmasken meist von bekannten, mit einer besonderen »sozialen Aura« ausgestatteten Persönlichkeiten angefertigt, etwa von Machthabern und Künstlern. Nicht der Tod, der jeden ereilt, sondern – wie Machttechnik und Geniekult es wollen – das »ewige Antlitz« einer »herausgehobenen Persönlichkeit« findet in der Maske seine gesteigerte Darstellung.

Zum anderen betrifft diese Darstellungsfunktion nicht den Tod schlechthin, sondern den gerade eingetretenen Tod, nicht die voranschreitende Verwesung, sondern den flüchtigen Übergang, in dem das tote Gesicht noch nicht unwiederbringlich zur fratzenhaften Verzerrung eines Gesichts geworden ist. Die Totenmaske hält die Form des toten, aber noch nicht verwesten Gesichts in der Welt der Lebenden.

Zudem hat es mit der Reglosigkeit des toten Gesichts noch etwas Besonderes auf sich. In ihr stellt sich oft ein – auch von den Versuchen einer Domestizierung und Humanisierung des Todes vergegenwärtigter – Ausdruck der Ruhe dar: Der Tote scheint nur zu schlafen. Doch auch hier ist zu bedenken, dass es meist die Lebenden sind, die diesen Ausdruck hervorbringen. Die Konstruktion des Todes als »Ruhe« – und hier zeigt sich, dass die Totenmaske eben nicht ein »wirklichkeitsgetreues« Abbild ist – besteht im Versuch, all das zu verdecken, was anzeigt, dass der tote menschliche Körper prinzipiell nicht mehr auf die Welt ausgreifen kann. Der Tote wird wie ein Schlafender gebettet, kein Klaffen der Mundhöhle, kein gebrochener Blick soll auf seinen Zustand hinweisen.

Andererseits kann der Ausdruck der Ruhe dem toten Gesicht zu einem bestimmten Zeitpunkt auch eigentümlich sein. Es handelt sich um eine Art Zurücktreten aus den Gesichtsregungen, ein Abfallen der Spannung, das von den Totenmasken oft wiedergegeben wird. Das Gesicht ähnelt einer neutralen Maske, aus der die besonderen Regungen und Ausdrücke entschwunden sind, ein zeit- und projektloses Gesicht, das gegenwärtig ist, ohne dass es etwas zeigt oder verbirgt.

Maske und Spiel

Die Maskenerfahrung steht heute im Kontext weitläufigerer sozialer und kultureller Entwicklungen, die den gängigen Rahmungen von Wirklichkeit ihrerseits zuwiderlaufen. Sie hat Anteil an vielgestaltigen und in sich widersprüchlichen Tendenzen, die unsere Wirklichkeitssicht zwar nicht gänzlich aushebeln, aber doch nachhaltig modifizieren.

Ein schon historischer Zug, der gegenwärtig mit besonderem Nachdruck zum Tragen kommt, ist die fortschreitende Technisierung. Eine Entwicklung, die von der manuellen Herstellung zur Maschinenarbeit führte, ist bei der Selbststeuerung komplexer Anlagen angelangt und lässt die Widerständigkeit der Welt mehr und mehr aus dem Blick treten. Viele materielle Hemmnisse, die zu den stärksten Indikatoren des »Wirklichen« zählten, sind unter die Botmäßigkeit technischer Verfahren gebracht.

In eine ähnliche Richtung weist auch die Virtualisierung des Erfahrungsfelds. Sie hat u.a. zur Folge, dass der Wirklichkeitsakzent zunehmend auf das Darstellungshandeln fällt: Entscheidend ist, was in den Medien erscheint, der Bildschirm wird zur Maske eines Spiels mit medialem Zuschnitt. Das Problematische an dieser Entwicklung zeigt sich besonders drastisch an der Virtualisierung des Kriegs. Die Monitore dokumentieren Wirkungen auf Distanz, die Steuerung der Vernichtungspotenziale wird zum Computerspiel, andere Sichtweisen auf das Geschehen werden bis zur Unkenntlichkeit desartikuliert.

Eine kritische Diagnose von Umbrüchen in der Wirklichkeitssicht müsste jedoch die ganze Zwiespältigkeit der Entwicklung bedenken. Der bloße Anspruch auf Rückkehr zu einer handfesteren »Wirklichkeit« kann ihr wohl kaum noch Orientierung bieten – auch wenn die Evidenzen, die sich vom Berührungssinn herschreiben, zu Recht wieder Thema sind. Denn vieles von dem, was als sicher und ausgemacht galt, offenbart gerade durch die aktuellen Entwicklungen immer stärker seinen Setzungscharakter.

So wird das Darstellungshandeln durch die Ubiquität der Medien nicht einfach in die Lebenswelt hineingetragen, sondern ist vorgängig schon ein Aspekt des sozialen Seins. Die verschiedenen Formulierungen der Rollentheorie haben darauf aufmerksam gemacht, dass menschliche Handlungen ganz wesentlich im Kontext funktionaler Erfordernisse und fremder Wertungen stehen. Sie antizipieren diese, richten sich an ihnen aus oder versuchen, sich ihnen zu widersetzen – die Individuen »spielen mit« oder opponieren. Die Rollenproblematik verdeutlicht in besonderer Weise den für die Maskenerfahrung wichtigen Übergang zwischen »wirklicher« und Spielrealität.

Maske und Rolle

Erving Goffman hat die Rollenproblematik in den Mittelpunkt seiner Mikrosoziologie gestellt. Dabei erscheint das Darstellungshandeln bei ihm gewissermaßen aus dem Bühnenkontext ins Alltagshandeln zurückverlegt. Zustimmend zitiert er Robert Ezra Park: »Es ist wohl kein Zufall, dass das Wort Person in seiner ursprünglichen Bedeutung eine Maske bezeichnet. Darin liegt eher eine Anerkennung der Tatsache, dass jedermann überall und immer mehr oder weniger bewusst eine Rolle spielt.«[57] Die Differenz zwischen dem Bühnengeschehen oder den medialen Inszenierungen und dem Alltag ist weniger einschneidend als gemeinhin unterstellt.[58]

Maske als *persona* verweist auf »personare«, auf die hindurchtönende Stimme des Spielers – die Maske tritt dazwischen, richtet aus und wandelt ab, sie ist ein Medium, das die sozialen Abläufe mit ihren Charakteristiken belegt. Dabei ist sie auch Vergegenständlichung, an ihr wird sichtbar und fassbar, was sich an Zuweisungen und Erwartungen an eine Rolle knüpft. Sie gewinnt eine metonymische Funktion, als Requisit des Spiels wird sie zum Inbegriff für Rollenverhältnisse schlechthin. Sie steht für all das Angenommene, was in vergleichbarer Weise darstellt und verhüllt – von der Übernahme der strukturellen Vorgaben sozialen Handelns, wie sie etwa mit Marxens »Charaktermaske des Kapitals«[59] beschreibbar wird, bis hin zu den Symbolen und Lebensstilen, durch die sich Gruppenzugehörigkeiten definieren.

Jedoch steht bei der Rede von Rollenverhältnissen in Termini des Maskenhaften der direkte Bezug zu Ausdruck und Gesicht vielleicht zu stark im Vordergrund. Um einen umfassenderen Gebrauch zu etablieren, verwendet Goffman stattdessen den Terminus »Fassade«, der durch den Verweis auf die Darstellungs- und Verblendungsfunktion der Vorderseite eines Bauwerks das Gesicht bzw. das Maskenhafte indirekt ins

Spiel bringt. Als Fassade im rollentheoretischen Kontext gilt ihm »das standardisierte Ausdrucksrepertoire, das der Einzelne im Verlauf seiner Vorstellung bewusst oder unbewusst anwendet.«[60]

Ein Element der Fassade, das bei Goffman die räumliche Seite der Rollenverhältnisse weiter akzentuiert, ist das »Bühnenbild«. Es umfasst eine bestimmte Präsentation von Umgebungselementen wie Möbelstücken, Dekorationen oder auch geographischen Gegebenheiten. Ein weiteres Element ist die »persönliche Fassade«: Abzeichen, Kleidung, Sprechweise, Mimik und Gestik, aber auch relativ unveränderliche körperliche Merkmale. Die persönliche Fassade kann wiederum nach der Seite der »Erscheinung« beschrieben werden, die über den sozialen Status und die augenblickliche Situation unterrichtet, sodann nach der Seite des »Verhaltens«, das die jeweilige Rolle in einer Interaktion spezifiziert. Hinsichtlich der Beziehungen der Elemente einer Fassade zueinander werden üblicherweise Kohärenzerwartungen geltend gemacht, wobei für bestimmte Rollen wohl etablierte Fassaden in der Regel schon bereitstehen: Fassaden werden »meist gewählt und nicht geschaffen.«[61]

Prägnante Beschreibungen und Konzeptualisierungen von Rollenbezügen finden sich auch bei Jean-Paul Sartre. Im Unterschied zu Goffman betont Sartre vor allem die interpretative Eigentätigkeit der Aktoren. Berühmt ist sein Beispiel des Kellners, der eine Spur zu nachdrücklich die berufstypischen Verrichtungen versieht: Er will mit seiner Rolle koinzidieren, doch gerade der Nachdruck, mit dem er dies zu bewerkstelligen versucht, verdeutlicht die Diskrepanz. Er kann nicht ganz in der Rolle aufgehen, eine interpretative Distanz bringt auf Abstand, was sich als soziale Funktion und Handlungserwartung anträgt, er *ist* nicht Kellner, sondern muss sich in jedem Moment dazu machen.[62]

Auch Nietzsche hat einen entsprechenden Sachverhalt immer wieder beschrieben, wobei das Maskenhafte darin als Aspekt des Einlebens in die Rolle erscheint: »Der Beruf fast jedes Menschen, sogar des Künstlers, beginnt mit Heuchelei, mit einem Nachmachen von außen her, mit einem Copiren des Wirkungsvollen. Der, welcher immer die Maske freundlicher Mienen trägt, muss zuletzt eine Gewalt über wohlwollende Stimmungen bekommen, ohne welche der Ausdruck der Freundlichkeit nicht zu erzwingen ist, – zuletzt wieder bekommen diese über ihn Gewalt, er *ist* wohlwollend.«[63]

Dem existenzialistischen Konzept zufolge liegt die Essenz der menschlichen Existenz nicht voraus, der Einzelne muss sich erst »wesentlich« machen, er muss sich in einem Selbstentwurf »erfinden«, ohne dabei auf etwas Substanzhaftes rekurrieren zu können.[64] Sartre konzipiert das Überschreiten der Rollenvorgaben vor dem Hintergrund des existenzialistischen Freiheitspathos und der darin betonten Entwurfhaftigkeit des Daseins. Die Existenz der Anderen und die Faktizität der sozialen Welt erscheinen als permanente Entfremdungsmöglichkeiten und gleichzeitig als Absprungpunkte hin zu einer authentischeren Eigenständigkeit.

Im Hinblick auf die Rollenvorgaben kommt dabei eine Doppeldeutigkeit ins Spiel, die auch Plessner herausgestellt hat: »Nichts ist der Mensch ›als‹ Mensch von sich aus ... Er ist nur, wozu er sich macht und versteht. Als seine Möglichkeit gibt er sich erst sein Wesen kraft der Verdoppelung in einer Rollenfigur, mit der er sich zu identifizieren versucht.«[65] Diese Verdopplung vermittelt bei Plessner ebenso wie bei Sartre einen personalisierenden Rückstoß, die soziale Vorgabe wird zur Ermöglichungsbedingung des Selbstseins: »Nur an dem anderen seiner selbst hat er – sich.«[66]

Von hier aus ist auch auf eine verkürzende Kritik zu antworten, die Authentizität bei Sartre als das schlechthin Andere zu den Rollenvorgaben und sozialen Masken deutet und seine Anerkennung des Faktischen unterschlägt.[67] Es ist für Sartre nicht möglich, die vorausliegende Faktizität ein für allemal zu überspringen, in irgendeiner Form holt sie den Einzelnen wieder ein – und sei es in den Sedimentierungen der überschreitenden Praxis selbst. Doch das Überschreiten erscheint ein ums andere Mal möglich, und vor allem: Der Einzelne kann auch in der vorgefassten Rolle seine interpretative Distanz wahren, er kann mit dem Wissen agieren, dass er mit ihr nicht koinzidiert.

Dieses Aufrechterhalten der Rollendistanz, der reflexive Umgang mit sozialen Masken, gehört zu den Lernschritten, die in einer komplexen Gesellschaft wohl unabdingbar sind. Es orientiert die Einsicht, dass die Lebensformen, in denen wir leben, nicht die einzig möglichen sind, sondern Ergebnisse von sozialen Konstruktionsprozessen und der Art und Weise, wie wir als Individuen in diese Prozesse eingelassen sind. Erfahrungen mit sozialen Masken können eine Reflexivität bestärken, die dem engstirnigen Beharren auf dem substanzialisierten »Eigenen« entgegenwirkt. Gleichzeitig werden so auch Versuche einer Resubstanzialisierung konterkariert, die auf eine letztlich vormoderne Rollensicherheit abzielen, d. h. auf einen Zustand, in dem der Rollencharakter sozialen Handels selbst nicht thematisch wird. Die Rollendistanz befördert eine Toleranz, die einen offenen Umgang mit Differenzen ermöglicht.

Für Sartre besteht das Problem also im unaufrichtigen Verhältnis zur Rollenproblematik, in der vordergründigen Leugnung des spannungsreichen Bezugs zwischen Faktizität und Transzendenz. Ein Problem entsteht allerdings, wo er die Möglichkeit der Rollendistanz überzogen individualistisch und voluntaristisch konzipiert. So erscheint der Einzelne in einigen Passagen von *Das Sein und das Nichts* in einer Weise als »frei«, die die Gewaltförmigkeit von Rollenzuschreibungen und -erwartungen aus dem Blick geraten lässt. Einzig dem Individuum selbst sei es anzulasten, dass es sich den gesellschaftlichen Anforderungen unterwirft. Gegenüber solchen affirmativen Tendenzen kommt bei Sartre jedoch spätestens mit den kurz nach Kriegsende entstandenen *Überlegungen zur Judenfrage* die Persistenz von vorgefertigten und zugewiesenen Rollen nachhaltig in den Blick. Was wie ein Spiel von Zuweisungen und freiwilligen Übernahmen aussehen kann, wird in Erfahrungen der sozialen Abwertung und Ausgrenzung zu einer eminenten Wirklichkeit. Zwar kommen die Zuschreibungen und Konventionen dort, wo ihr Setzungscharakter durchschaut wird, in gewisser Hinsicht mit dem Spiel überein – eine Als-ob-Struktur wird erkennbar, wo Zuschreibungspraxen sich als Aufweis substanziellen Festgelegtseins gerieren – doch auch als in ihrem konventionellen Charakter durchschaute verlieren sie nicht ihre Härte und Widerständigkeit. Sie schaffen eine soziale Situation, die qua freiem Entschluss nicht einfach übersprungen werden kann.

In eine ähnliche Richtung wirken strukturelle Zwänge, etwa die Nötigung zum Mitspielen um der Selbstbehauptung in der Konkurrenzwelt willen. Sie zeigen sich im Zwang, mit »unterschiedlichen Gesichtern« aufzutreten und dabei – wie Brechts *Guter Mensch von Sezuan* – ab und an die Maske des bösen Onkels anzulegen. Oder sie erscheinen in den Masken der Selbstsicherheit und Überlegenheit, die die kleinen oder großen Statuskämpfe des Alltags aufnötigen.

Die Rollenzuschreibungen und Konventionen sind bei Sartre jedoch auch insofern nur sehr bedingt hintergehbar, als sie den Einzelnen immer wieder einholen. In einer weiteren Zuspitzung des Gedankens ließe sich sagen, dass das Spiel dort, wo es ubiquitär wird, mit der Wirklichkeit zusammenfällt. Ja, die Konvention wird Schicksal – wenn nicht als strikt unüberschreitbare, so doch als immer wieder neu zu überschreitende. Zwar hat das Soziale einen Spielcharakter, seine Regeln sind Konventionen, doch sie verflüchtigen sich nicht mit dieser Einsicht, die Ausstiegsmodalitäten sind nicht die des Spiels, das Nicht-Mitspielen ist durch mehr oder weniger schwer wiegende Sanktionen verwehrt.

Auf die Wirksamkeit solcher Sanktionen führt unter anderem Sartres schon angesprochene Untersuchung des Blicks. Der Aufweis der Fremdexistenz, dem seine Untersuchung letztlich dienen soll, gründet im Erleben der Scham unter dem Blick des Anderen. Die Scham führt auf die Tiefenstruktur der Verbindung mit den Anderen, insofern sie eine bestimmte Art der Erstarrung und Verfestigung des Bewusstseinsstroms impliziert. Im objektivierenden Blick sprengt der Blickende den Selbstbezug des Erblickten auf und bringt ihn unter die Botmäßigkeit seiner Wertungen.

Durch den Ausgang vom Blick stützt Sartres intersubjektivitätstheoretisches Argument sich nicht nur auf einen der wirksamsten sozialen Kontrollmechanismen des Alltags, es führt auch auf einen weiteren Aspekt im Umgang mit Masken. Im Kontext der »blickend« eingeforderten Werthaltungen erhalten diese eine kaschierende und bergende Funktion[68] – auch wenn dies mit Sartres Vorstellungen von Authentizität und Transparenz nur schwer zu vereinbaren ist.[69] Masken schützen vor dem Blick der Anderen, sie schaffen einen Raum, in dem das Gefüge der sozialen Ansprüche und Normen nur noch eingeschränkt wirksam wird. Sie anonymisieren und unterlaufen die Zuschreibbarkeit des Tuns und befreien zumindest zeitweise aus den Statuskämpfen, sie lockern die Grenzziehungen und Distinktionen des Alltags.[70]

Sartre ist wie kaum ein anderer Gewaltverhältnissen nachgegangen, die auf subtile Weise die Bezüge zwischen den Individuen bestimmen und sich in verfestigenden und verdinglichenden Denkformen reproduzieren können. Wie etwa die Konzeption der fusionierenden Gruppe in der *Kritik der dialektischen Vernunft* zeigt, steht er dabei grundsätzlich in der Tradition eines »verflüssigenden« Denkens, das so unterschiedliche Denker wie Durkheim, Sorel oder Bergson verbindet und bis zu Castoriadis und zum Dekonstruktivismus reicht.

Dieses Denken wiederum hat einen wesentlichen historischen Bezugspunkt in Nietzsche und seinen Überlegungen zum Apollinischen und Dionysischen. Gegenüber einem im schönen Schein der Traumwelt gründenden, Bilder hervorbringenden apollinischen Moment lässt Nietzsche ein dionysisches Moment der Kultur in Rauschzuständen wurzeln und macht dessen bild- und begriffslosen Widerschein in der Musik aus. Unter noch deutlichem Einfluss der Schopenhauerschen Ästhetik sieht Nietzsche hier das *principium individuationis* durchbrochen: »Das Subjektive verschwindet ganz vor der hervorbrechenden Gewalt des Generell-Menschlichen, ja des Allgemein-Natürlichen. Die Dionysos-Feste schließen nicht nur den Bund zwischen Mensch und Mensch, sie versöhnen auch Mensch und Natur. [...] Alle die kastenmäßigen Abgrenzungen, die die Noth und die Willkür zwischen den Menschen festgesetzt hat, verschwinden: der Sklave ist freier Mann, der Adlige und der Niedriggeborene vereinen sich zu denselben bacchischen Chören.«[71]

Doch in Nietzsches *Geburt der Tragödie* geht die Tendenz der Befreiung *des* Dionysischen einher mit einer Tendenz der Befreiung *vom* Dionysischen. Die Überwindung der Grenzen ist auch Einsicht in den Urschmerz, sie ist Leiden an ihm und vor allem Einsicht in dessen Sinnlosigkeit. Ein Silen aus der Gefolgschaft des Dionysos spricht die nihilistische Wahrheit aus, nach der es für den Sterblichen am besten wäre, nicht geboren zu sein, am zweitbesten aber, bald zu sterben.

Das Dionysische, Schmerz und Lust in einem, entlädt sich in der bild- und begriffslosen Musik. Aber nicht zuletzt aufgrund der Lethargie, der Lebens- und Willensverneinung, in die der dionysische Rausch entlässt, ist noch ein zweiter Schein vonnöten, eben die apollinische Traum- und Kunstwelt. Es handelt sich um eine bildhafte Sublimation des Dionysischen, in deren Kontext in Nietzsches *Geburt der Tragödie* die Maske auftaucht. So hat der dithyrambische Chor im Drama die Aufgabe, »die Stimmung des Zuhörers bis zu dem Grad dionysisch anzuregen, dass sie, wenn der tragische Held auf der Bühne erscheint, nicht etwa den unförmigen maskierten Menschen sehen, sondern gleichsam eine aus ihrer Verzückung geborene Visionsgestalt.«[72] Die dionysische Verzückung der Hörenden geht über in die apollinische Vision, die dem enthobenen Zustand, den Maskenausdrücke ja oft evozieren, sehr gut entspricht: Der Zuschauer überträgt »das ganze magisch vor seiner Seele zitternde Bild des Gottes auf jene maskirte Gestalt und [löst] ihre Realität gleichsam in eine geisterhafte Unwirklichkeit auf. Dies ist der apollinische Traumeszustand [...]«[73]

Die Maske steht so auch in einem übertragenen Sinn auf der Seite des Apollinischen. Der schöne Schein, die Hervorbringungen der apollinischen Kunst maskieren die nihilistische Wahrheit. Angesichts eines unentrinnbaren Urschmerzes feiert das Subjekt seine Erlösung im Schein: »denn nur als aesthetisches Phänomen ist das Dasein und die Welt ewig gerechtfertigt.«[74] Gianni Vattimo hat Nietzsches Deutung der griechischen Klassik, die in entsprechenden Thesen zutage tritt, direkt in Termini des Maskenhaften rekonstruiert: »anche quel mondo di forme che ci appaiono come una perfetta sintesi di interno ed esterno, essere e apparire, non è a sua volta che una maschera destinata a coprire la nuda realtà dell'esistenza minacciata dal terrore e dal caos.«[75] Kunst wird zur lebensdienlichen Maskerade.

Die apollinische Welt der Form und des Maßes tendiert jedoch zur Verfestigung. Die »gute«, lebensdienliche Maske wird zur »schlechten«, indem Ansprüche auf letzte Wahrheiten und lebensfeindliche asketische Ideale von ihr abgeleitet werden. Die Werke des reifen Nietzsche gelten entsprechend der Kritik einer Maskerade, die sich im Rekurs auf eine metaphysische »Hinterwelt«, eine als Wahrheit kanonisierte Fiktion konstituiert. In Umkehrung des Maskenbildes wird hier ein Inneres, ein Wesen, eine gegen die Welt des Scheins hypostasierte Instanz zum Verhüllenden. Der Schein dagegen, dasjenige, was der Moral, Religion und Metaphysik als bloß Äußerliches gilt, als Verdeckung und Verstellung der Wesenseinsicht, ist das einzig Zugängliche, die Oberfläche, an die man sich »aus Tiefe« zu halten hat. Entsprechend deutet Vattimo, dem Konzept der Maske als Leitfaden seiner Nietzschelektüre folgend, den Übergang von den früheren Schriften zu den Schriften, die dem *Zarathustra* vorangehen, als Schwerpunktverlagerung eines Denkens, das sich an der Unterscheidung zwischen guten und schlechten Masken orientiert, hin zur Thematik der Demaskierung – und zwar zur Demaskierung jener falschen Demaskierung, die nach Nietzsche die sokratisch-christlich-metaphysische Tradition charakterisiert.

Eine auch die gegenwärtige Diskussion noch bestimmende Hauptlinie der Demaskierung stellt dabei die Subjektkritik dar. So rekonstruiert Nietzsche die Geschichte der moralischen Empfindungen als Geschichte des »Irrthums von der Verantwortlichkeit«, welcher wiederum »auf dem Irrthum von der Freiheit des Willens ruht.«[76] Nicht die Freiheit des Einzelnen liegt dem Handeln zugrunde, sondern die Anderen mit ihren Forderungen, die soziale Fiktion, die Diskurse, die den Einzelnen erst schaffen: »*du wirst gethan!* in jedem Augenblicke! Die Menschheit hat zu allen Zeiten das Activum und Passivum verwechselt, es ist ihr ewiger grammatikalischer Schnitzer.«[77] In dieser Perspektive erscheint das freie Subjekt selbst als Maske, als diskursiver Effekt, als Verpuppung der Notwendigkeit in ihrem scheinhaften Gegenteil.

Als Demaskierung erscheint demgegenüber die genealogische Aufdeckung der Freiheitsillusion – und zu guter Letzt die Einsicht in die notwendige Bedingtheit alles Geschehens: »So macht man der Reihe nach den Menschen für seine Wirkungen, dann für seine Handlungen, dann für seine Motive und endlich für sein Wesen verantwortlich. Nun entdeckt man schließlich, dass auch dieses Wesen nicht verantwortlich sein kann, indem es ganz und gar nothwendige Folge ist und aus den Elementen und Einflüssen vergangener und gegenwärtiger Dinge concrescirt.«[78] An solchen Aussagen wird trotz der vielen schlagenden Parallelen im Hinblick auf Rolle, Maske und Wirklichkeitskonstruktion ein tiefer Gegensatz zwischen Nietzsche und Sartre deutlich.

Allerdings steht die deterministische These bei Nietzsche in einem Spannungsverhältnis zur schöpferischen Freiheit, die er etwa in den *Drei Verwandlungen* in *Also sprach Zarathustra* unterstellt: »Unschuld ist das Kind und Vergessen, ein Neubeginnen, ein Spiel, ein aus sich rollendes Rad, eine erste Bewegung, ein heiliges Ja-sagen.«[79] Aber es wird auch eine Vermittlung absehbar, wenn die genealogische Demaskierung – in den *Drei Verwandlungen* symbolisiert vom Löwen, der die Moral des »Du sollst« überwindet – als Ermöglichungsbedingung schöpferischer Freiheit gedeutet wird: »Neue Werthe zu schaffen – das vermag auch der Löwe nicht: aber Freiheit sich schaffen, zu neuem Schaffen – das vermag die Macht des Löwen.«[80] Die genealogische Demaskierung wird zur Vorarbeit des werteschaffenden Neuentwurfs.

In der apollinischen Vision taucht bei Nietzsche also eine gute, das Dasein ästhetisch rechtfertigende Maske auf, die genealogische Demaskierung und die in ihrem Kontext entwickelte Subjektkritik gilt dagegen den schlechten, lebensfeindlichen Masken der Moral, Religion und Metaphysik. Die genealogische Demaskierung und die Subjektkritik stehen insgesamt in der Nachfolge des Dionysischen – hier wie dort geht es um das Überschreiten einengender sozialer Setzungen.

Doch das rauschhafte dionysische Überschreiten verweist selbst auf die Maske, denn der Maskengebrauch war ja für den Dionysos-Kult von besonderer Bedeutung: Die Priester trugen in den kultischen Zügen Dionysosmasken, der männliche Teil der Gefolgschaft war mit Satyr-, der weibliche Teil mit Mänadenmasken ausstaffiert. Daneben wurden die Masken auf Pfählen und Altären aufgestellt. Und vor allem haben sich aus den Masken des Dionysoskultes auch die griechischen Theatermasken entwickelt.

Mit dem dionysischen Aspekt bei Nietzsche und prägnanter noch in Überlegungen von Roger Caillois stoßen wir auf eine Funktion der Maske, die dem individuierenden und personalisierenden Rollenaspekt spannungsvoll gegenübersteht. Sie ist nicht mehr Gegenhalt und Bergendes in einer Bewegung der Personalisation, sondern dient als Instrument der Grenzüberschreitung gerade der Auflösung der fixierten

Form, der rauschhaften Begegnung und der Auflösung der überkommenen Grenzziehungen.

In seinem Buch *Die Spiele und die Menschen: Maske und Rausch* stellt Caillois diesen Aspekt in den Vordergrund. Dabei ordnet er die Maske dem Kontext des Spiels zu und reagiert so auch auf Huizingas *Homo ludens*. Vor allem entwickelt Caillois eine nähere Einteilung der Spiele, mit der er unter anderem zeigen will, dass Huizinga bei seinem Versuch, die ordnungstiftende Funktion des Spiels aufzuzeigen, von nur einem Spieltypus, nämlich dem des geregelten Wettspiels ausgegangen ist. Die Einteilung bei Caillois umfasst dagegen vier Hauptrubriken, die jeweils bestimmte Aspekte festhalten: Wettstreit, Zufall, Maskierung und Rausch, die er auch als *agôn, alea, mimikry* und *ilinx* anführt. Die Aspekte und ihre Verbindungen in den einzelnen Spielen lassen sich wiederum auf einer Skala eintragen, die von der Ausgelassenheit als *paidia* bis zur regelnden, konventionellen Seite des *ludus* reicht.

Eine Grundverbindung zwischen den Aspekten, die auf die Seite des *ludus* verweist, ist die zwischen *agôn* und *alea*. Sowohl die relativ reine Erscheinungsform der Aspekte etwa im Schach und Würfelspiel wie auch die Verbindung, die in vielen Kartenspielen anzutreffen ist, erfordert Redlichkeit der Teilnehmer und mathematische Gleichheit der Chancen. Eindeutig auf die Seite der *paidia* verweist dagegen eine zweite Grundverbindung, nämlich die von *mimikry* und *ilinx*. Diese beiden Aspekte setzen gängige Regeln außer Kraft und eröffnen Räume der freien Improvisation. Vor allem aber verstärken sie sich wechselseitig: »In der Verstellung bemerkt man eine Art Verdoppelung des Bewußtseins, die der Handelnde zwischen seiner eigenen Person und der Rolle, die er spielt, vornimmt; im Rausch dagegen entsteht Verwirrung und Panik, wenn nicht gar vollkommene Verdunkelung des Bewußtseins. Eine fatale Situation wird jedoch dadurch geschaffen, dass die Verstellung durch sich selbst zum Erzeuger des Rausches und die Verdoppelung zur Quelle der Panik wird.«[81]

Die Gegenüberstellung der beiden Grundverbindungen führt Caillois zu einer seiner kulturtheoretischen Hauptthesen. Danach gibt es Gesellschaften, deren Kultur wesentlich auf der Verbindung von Verstellung und Rausch gründet, etwa die traditionellen afrikanischen, australischen oder amerikanischen Gesellschaften; ihnen stehen »Gesellschaften mit Buchführung«[82] gegenüber, etwa die der Inkas, der Assyrer, der Chinesen oder Römer, die den Prinzipien von Chance und Verdienst den Vorrang einräumen. Auf der Grundlage eines überkommenen kulturhistorischen Fortschrittskonzepts diagnostiziert Caillois im Weiteren die allmähliche Durchsetzung des im modernen Sinne geordneten Gesellschaftstyps.

Entscheidend ist jedoch, dass er bei der Verbindung von Verstellung und Rausch das Tragen der Maske hervorhebt: »Es charakterisiert einen originalen Kulturtypus, der ... auf der mächtigen Verbindung von Pantomime und Ekstase begründet ist.«[83] Mit deutlichem Rückbezug auf die durkheimsche Soziologie betont Caillois, dass die Maske gerade durch das Sprengen der Grenzen zwischen den Individuen eine soziale Verbindung vorgängig zur arbeitsteiligen Differenzierung ermöglicht: »Das Fest, die Vergeudung der während einer langen Zeit angehäuften Güter, die zur Regel gewordene Regellosigkeit, alle durch die ansteckende Gegenwart der Maskierten umgekehrten Normen bewirken, dass der allgemeine Rausch zum Kulminationspunkt und zum eigentlichen Band des kollektiven Daseins wird [...] Die Maske ist das wahre soziale Band.«[84] Die Verwandlungen, die sie hervorruft, die Exaltationen des Rauschs, die bis zur Besessenheit reichen, gehen ein in eine kollektive Erfahrung, die den sozialen Zusammenhalt verbürgt.

Wettkampf

Caillois rückt in seiner Unterteilung den Maskengebrauch auf die Seite der *paidia* und betont dabei den Zusammenhang mit dem Rausch. Die Masken und das Maskenhafte haben jedoch auch auf der Seite des *ludus*, im geregelten Spiel und im Wettkampf einen Ort. Im Wettkampf stehen sie vor allem für den Kontakt des Spiels mit der »wirklichen« Realität. In der Zirkularität der Modulationen verweisen die Masken auf die aus materiellen Widrigkeiten und aus wechselseitigen Einwirkungen der Wettkampfteilnehmer entstehenden Gefahren. Es handelt sich meist um Schutzvorrichtungen, wie sie schon in den Kontexten der Arbeit und der Gewalt in Erscheinung getreten sind. Gegenüber den Arbeitsmasken zeichnen sich die Wettkampfmasken vor allem durch ihre intersubjektive Bestimmtheit aus, ohne dabei einfach mit den Masken der Gewalt zu koinzidieren. Der Zusammenhang und die Unterschiede werden am Sturzhelm deutlich, wie er als Utensil des Wettkampfs in Erscheinung tritt.

Am Sturzhelm zeigte sich ja bereits der Zwiespalt zwischen der Kontrolle der Bewegung und dem Limit, hinter dem der Kontrollverlust eintritt. Dieser Zwiespalt kulminiert in einem Wettkampfgeschehen wie dem Rennsport. Der prekäre Dingbezug in der Fortbewegung erscheint hier ähnlich wie bei den Masken der Gewalt als Kampfbezug, er ist intersubjektiv vermittelt. Im Rennen realisiert er sich jedoch nicht als zielgerichtete wechselseitige Einwirkung, sondern vor allem im Versuch, so nahe wie möglich an jenes Limit zu gehen, hinter dem die Bewegung in den kausalen Selbstlauf übergeht. Der Wettkampf dreht sich in erster Linie um die Kontrolle der Bewegung in einem mit möglichst hoher Geschwindigkeit zu durcheilenden Raum.

Bezogen auf den Grenzpunkt zwischen Teleologie und kausaler Spontaneität erscheint der Rennfahrerhelm als »Maske des Limits«. Zwar verweist er ebenso wie andere Schutzvorrichtungen auf den Versuch, noch eine gewisse Kontrolle über den Zustand nach dem möglichen Kontrollverlust zu erhalten, Schutz zu gewähren im Moment, in dem die wirkenden Kräfte nicht mehr dem zielgerichteten Handeln unterworfen sind. Er markiert dabei jedoch in besonderer Weise die beschriebene Suche nach der Grenzlinie zwischen der kontrollierbaren und der unkontrollierbaren Bewegung, den Versuch, die gerade noch kontrollierbare Bewegung auszuführen. Er soll die Sicherheit in einem Spiel vergrößern, das letztlich auf die Verkleinerung der Sicherheitsmargen zwischen kontrollierter Bewegung und kausalem Selbstlauf angelegt ist.

Insofern der Kampf als Renngeschehen den Versuch einer größtmöglichen Annäherung ans Limit impliziert, meint den Gegner besiegen hier, sich der Grenze weiter anzunähern als er. Der Wettkampf vergrößert und spezifiziert die damit verbundenen Gefahren. Indem er dazu anspornt, weiter zu gehen als der Gegner, macht er das Überschreiten der Grenze wahrscheinlicher. Der Helm verweist entsprechend auf die Konkurrenten als solche, die in einem als »Grenzsuche« indirekt ausgetragenen Konflikt den Verlust der Kontrolle über ihr Instrument riskieren.

Er verweist auf sie jedoch auch als solche, die sich wechselseitig direkt gefährden. Die Gefährdung hat dabei nicht den Charakter, wie sie ihn für normale Verkehrsteilnehmer hat, die unter der Bedingung, das auch Andere unterwegs sind, lediglich ein Ziel erreichen wollen. Es geht vielmehr darum, ein Ziel, das alle auf gleichem Weg anstreben, schneller als die Anderen zu erreichen. Zudem heißt das An-die-Grenze-Gehen im Rennen, die Grenze für den Anderen in bestimmter Weise mitzuziehen. In den Fahrmanövern können die Teilnehmer wechselseitig den Kontrollverlust induzieren.

Im Unterschied zu anderen Formen des Wettkampfs geht es im Rennen jedoch nicht darum, die freigesetzten Kräfte direkt und zielgerichtet gegen Andere zu richten. Die in den Masken des Limits aufscheinende wechselseitige Gefährdung ist vorrangig die des Unfalls, d. h. die einer ungerichteten, nicht gewaltförmigen Verletzung. Der Helm steht zwar in einem Kontext, der auch Kampf gegen andere ist, darin aber ist er nur in einem abgeleiteten, indirekten Sinn ein Mittel des Schutzes vor ihm. Er zeigt die Fahrer als in ihrem Gefahrenraum allein, als solche, die überholen, aber nicht berühren wollen.

Die Kontingenz der Berührung unterscheidet das Rennen von Sportarten, die wechselseitige körperliche Einwirkungen mehr oder weniger tolerieren oder sogar in den Mittelpunkt rücken. Die Schutzmasken erscheinen den Masken der Gewalt dabei noch viel stärker angenähert, wobei die Grenzen mitunter fließend sind.

In einer Sportart wie dem Eishockey ähnelt die Ausrüstung bereits einer Rüstung. Die Schutzkleidung und die Masken und Helme tragen den sich aus materiellen Bedingungen und Mitteln spezifisch ergebenden Gefahren Rechnung, wobei auch »body checks« als direkte Angriffe zulässig sind. Die Regel schreibt einzig deren korrekte Ausführung vor. Die Schutzkleidung schützt vor der Härte und Intensität des Spiels, induziert aber auch nicht zulässige Übergriffe, indem sie diese abmildert. Sie senkt die Schwellen zu ihrer Ausführung. Im kommerzialisierten Betrieb erscheint die Massenschlägerei zudem als unerlässlicher Teil eines Spektakels an der Grenze zwischen Wettkampf, Schauspiel und »Wirklichkeit«.

Im American Football steigern sich die wechselseitigen körperlichen Einwirkungen noch beträchtlich. Das Bedrängen, Halten und Zu-Fall-bringen des Gegners ist Teil des Spielablaufs. Die Helme und Ausrüstungsgegenstände lassen die Teilnehmer dabei wie Kampfmaschinen erscheinen. Die Stilisierung der einzelnen Körperpartien verweist deutlich auf die Anforderungen des Geschehens: Ein geschmeidig-schlanker Unterbau sorgt für Tempo, die bullige Bewehrung des Oberkörpers steht für die Kraft, der behelmte Kopfpartie für die Steuerungsvorgänge eines maschinenartigen Wesens. Die reduktive Wirkung der Maske findet hier ihre wettkampfgemäße Darstellungsform.

Beim Eishockey und beim Football bleibt die Attacke auf den Körper eingebunden in einen weitergehenden Zweck. Es gilt, mit einem Spielgerät Tore oder Punkte zu erzielen. Damit gleichen diese Wettkampfsportarten sachlich motivierten Konflikten, deren Ziel es ist, weiterführende Interessen mit den Mitteln der Gewalt durchzusetzen. Sportarten wie das Fechten oder Boxen finden dagegen im Angriff auf den Körper ihren Zweck. Sie stehen den Ehrkonflikten näher, deren Ziel direkt der Andere ist.

Das Fechten, wie wir es heute als Sportart kennen, zeichnet sich immer noch durch eine besondere Stilisierung aus. Eleganz und Anmut – ursprünglich auch Teil der Distinktionspraxen des Adels – sind hier das Ideal des Bewegungsablaufs. Bis in die Fechtmaske hinein spiegelt sich das Konzept des Körpers, das dem zugrunde liegt. Dabei läuft die Maske als Schutzvorrichtung jedoch auch einer Art von Lebensauffassung, die sich lange an das Fechten knüpfte, zuwider. Denn die Verletzungen, die sie verhindern soll, galten dort als hoch willkommene Bezeichnungen – »Schmisse« waren Trophäen und Erkennungsmerkmale der Adepten eines elegant-gefährlichen Lebensstils.

Auch das Boxen kennt unterschiedliche Auffassungen zum Verletzungsrisiko, wobei dieses sich im professionellen Bereich durch die Kampfdauer und den Verzicht auf den Kopfschutz drastisch erhöht. Die Spuren der Kämpfe zeichnen sich hier auch besonders deutlich ein. Das zerschlagene Gesicht mit eigentümlich maskenhaften Zügen steht am Ende vieler Karrieren.

Vollends vom Wettkampf zum Schauspiel übergegangen ist das Wrestling. An die Stelle der ergebnisoffenen Auseinandersetzung tritt eine komplizierte Kooperation. Die Verschiebung, die sich dabei vollzieht, wird vor allem an der Darstellungsfunktion der Masken und Bemalungen deutlich, die hier anzutreffen sind. Sie bezeichnen »substanzielle« Eigenschaften, das Auftreten der Akteure entspricht ganz der maskenhaften Typisierung. Was sich den Schutzmasken im Kontext des Spiels meist nur nebenbei anheftete, ist hier durchgängig Gegenstand einer schauspielerischen Absicht. Wrestling ist das in die Sportarena versetzte Theater.

Karneval und Theater

Die fortschreitende Technisierung, die Virtualisierung des Erfahrungsfelds und die Ubiquität der Medien haben in den letzten Jahren und Jahrzehnten den Setzungscharakter des Sozialen akzentuiert und die Trennungslinien zwischen Spiel und »wirklicher« Realität verschiedentlich relativiert. Gleichzeitig ist mit der Flexibilisierung der Arbeitswelt und der Wahrnehmung von kultureller Differenz der Rollencharakter sozialen Handelns und die Möglichkeit der Rollendistanz in besonderer Weise hervorgetreten. Ein postmetaphysisches Denken hat diese Entwicklungen – z. T. im Rückgriff auf Termini aus der Welt der Masken – reflektiert.

Vor diesem Hintergrund erscheinen auch die direkt an den Maskengebrauch gebundenen Subversionen von sozialen und alltagsontologischen Grenzziehungen teilweise in neuem Licht. Der Karneval, an den sich eine in unserem Kulturkreis noch weit verbreitete Form des Maskengebrauchs knüpft, dürfte in das von der Maske initiierte Spiel der Ambivalenzen einige zusätzliche Bestimmungen hineingetragen haben. Dabei dürfte es sich aber vorrangig um Aspekte des Affirmativen handeln – denn nicht nur das Kritische oder rauschhaft Verkehrende hat in den Doppeldeutigkeiten des Maskenspiels ein besonderes Betätigungsfeld!

Das Doppeldeutige der Maske steht bereits an der Wurzel von Fastnacht und Karneval, wie es sich in heidnisch-christlicher Überlagerung herausbildete. Die Austreibung des Winters und seiner Dämonen, an die sich der Maskengebrauch hier ursprünglich knüpft, erscheint als ein Überbordendes und gleichzeitig als ein vom Zeitregime streng Limitiertes. Es handelt sich um eine »Aufstachelung des Fleisches« und gleichzeitig um die Darstellung seiner Vergänglichkeit. Die Fastenzeit, die dem Fleischlichen Valet sagt, belegt das vorgängige Geschehen bereits mit ihrem Sinn – *carne vale*, das Gegenbild ist immer schon Teil der Veranstaltung.[85]

In der Doppeldeutigkeit spiegeln die Momente jedoch so ineinander, das die Sinnzuweisungen im Kontext der Gesamtkonstruktion sich durchaus relativieren. So impliziert die Austreibung des Winters als Reminiszenz an die heidnische Welt auch deren Evokation. Die Schrittfolgen und Springprozessionen der beteiligten Masken nehmen einen ekstatischen Charakter an, in dem das Prinzip, das überwunden werden soll, sich gerade geltend macht. Karneval als verkehrte Welt enthält ein Überschießendes, der Gang der Verkehrung enthält eine Tendenz zur Umkehrung der geltenden Verkehrungslogik.

Deutlicher wird dies, wo expliziter soziale und institutionelle Zusammenhänge Gegenstand der Verkehrung sind, etwa in dem von Laien und dem niedrigen Klerus zwischen Weihnachten und dem Dreikönigsfest gefeierten »Narrenfest«, in dem die kirchliche Hierarchie und die liturgischen Gebräuche bizarre Umdeutungen erfahren haben. Noch augenfälliger wird die Tendenz im Kontext der bürgerlichen Emanzipationsbewegungen, etwa im Zusammenhang zwischen der Französischen Revolution und dem Mainzer Karneval, der sich an den Ähnlichkeiten zwischen der rheinischen Narrenkappe und den Phrygiermützen zeigt, die in den Jakobinerklubs der kurzlebigen »Mainzer Republik« getragen wurden, oder auch an den Querbezügen zwischen den närrischen »Elferräten« und den Revolutionstribunalen.

Bezeichnend auch, dass die Februar- und Märzrevolutionen 1848 in verschiedenen europäischen Zentren in die Nähe des Karnevals fielen. Ein Grund für die besondere Rolle von Karikaturen und politischer Satire in diesen Umwälzungsversuchen dürfte nicht zuletzt im Verkehrungsgeschehen des Karnevals zu suchen sein. Der Freiraum, den er für eine doppeldeutige Ordnung der Maske öffnet, inspiriert und transportiert Freiheitsforderungen, die von der Artikulationsebene des Spiels, von den Einhegungen des »als ob« zu einer umfassenderen sozialen und institutionellen Realisierung hin tendieren.[86]

Gegenüber solchen Subversionen erscheint der gegenwärtige Karneval meist von einer tristen Biederkeit geprägt. Der Spielrahmen wird zwanghaft gewahrt, und zwar insbesondere dort, wo der kritische Impetus scheinbar kulminiert. Pünktlich kommen die Hinweise der Büttenredner, dass die dargestellten Figuren nun einmal mit kritischen Anwandlungen überliefert seien. Wohl eingehegte Doppeldeutigkeiten werden zum Surrogat von lebendiger Satire, der kritische Gestus wird im sicheren Wissen darum goutiert, dass man ihm rechtzeitig die Spitze nimmt. Zudem sind auch die Adressaten der Kritik Teil des Publikums und lassen den Einfallsreichtum der gereimten Rede ostentativ gut gelaunt über sich ergehen. Zielgenau fangen die Kameras die Reaktionen der Politiker und Würdenträger ein. Ihrerseits karnevalistisch ausstaffiert erscheinen sie als Narren unter Narren, das allgemein Menschliche des Humors vereint alle zur allgemeinen Folgenlosigkeit.

Im Kontext dieser Entwicklung wird eine noch weiter gehende Verkehrung absehbar. Das Institutionelle des Karnevals erscheint dabei nicht mehr bloß von der kritischen Unternehmung zum Abbild sozialer Verfestigung erstarrt, sondern sogar als Konterpart einer inzwischen weit flexibleren Welt – die Subversion der Maske mutiert geradewegs zum Garanten von Festigkeit. Ihr Spiel wird Teil einer alljährlichen Gegenmaßnahme, die auf die Fluktuationen des »Wirklichen« mit noch weitergehenden Erstarrungen reagiert, so, als hätte die Konjunktur ihres vormaligen, verflüssigenden Prinzips im anderen Bereich ihr Anliegen vollends ins Gegenteil verkehrt. Die Starre der Maske ist nicht mehr Signum und Mittel des rauschhaften oder kritischen Überschreitens, sondern das der Starre der Institution. Sie steht nun wieder für die Festigkeit des Rollenbilds, als solle das historisch vom Typus zum Charakter entwickelte Subjekt der bürgerlichen Welt nach dem Scheitern seiner integrativen Ansprüche wieder zum Typus zurückgebildet werden. Wohlgemerkt, nicht Rollendistanz ist das Ziel, sondern das Koinzidieren mit der Vorgabe, einer Welt von Prinzen, Riesen und doppelköpfigen Drachen in einer erträumten Ordnung substanziell-ständischer Art. Im zweiten Schritt seiner Erstarrung wird Karneval zum Ersatz einer zunächst negierten, dann affirmierten Festigkeit, die aus der »wirklichen« Realität mehr und mehr zu entschwinden scheint.

Ein anderer Weg in einem seinerseits karnevalesken Milieu ist an den Masken der Commedia dell'arte ablesbar. Ihr Schicksal verdeutlicht vor allem die Entwicklung vom Typus zum Charakter, die für die Entwicklung des bürgerlichen Theaters grundlegend war. Neben den Karnevalstraditionen gehen in die Masken und Typen der Commedia dell'arte Elemente der antiken Posse und Traditionen der wandernden Schausteller und Artisten ein. Die verschiedenen Traditionen werden im Oberitalien des 15. Jahrhunderts Teil eines zunehmend professionalisierten Spiels, gegen Ende des 16. Jahrhunderts stößt man bereits auf berühmte Kompagnien, die vor allem auch in Frankreich große Erfolge erzielen.[87]

Bezeichnenderweise steht bei den Darbietungen der Commedia dell'arte zunächst ein improvisiertes Spiel im Mittelpunkt. Die Schauspieler agieren mit einem Repertoire von Gesten, Buffotricks und akrobatischen Einlagen. Typenspezifische Ausrufe, Sentenzen und Versatzstücke von Dialogen werden in das Spiel all'improvviso integriert. Im Weiteren erhält das lockere Nummerntheater in Szenarien ein Handlungsgerüst, bis die psychologische Motivation und Charakterzeichnung schließlich eine ausformulierte Textgrundlage erforderlich macht.

Für den Übergang vom Typus zum Charakter stehen vor allem die Halbmasken, die für die Commedia dell'arte charakteristisch sind. Sie lassen die untere Gesichtshälfte unbedeckt und erzeugen eine besondere Verbindung zwischen Maske und Gesicht. Die Maske verlebendigt sich und trägt den maskenhaften Anteil zugleich in das sich individualisierende Ausdrucksgeschehen hinein.

Das Wechselspiel zwischen freier und bedeckter Gesichtshälfte erhält vor allem durch die Sichtbarkeit der Mundpartie besondere Impulse. Beim Mund handelt es sich ja um den mit Abstand beweglichsten Teil des Gesichts, der den größten Variationsreichtum im mimischen Ausdrucksgeschehen ermöglicht. Die Halbmaske beschränkt den Ausdrucksspielraum jedoch durch die typisierende Vorgabe. Die in der Maske fixierte Figur verlangt dem Spieler eine überdeutliche, meist karikierende Mimik und Gestik ab.

Die besondere Typisierung durch die Halbmaske im Zusammenhang mit der Freiheit der Mundpartie befördert in der Commedia dell'arte über weite Strecken auch das Exklamatorische. Rufe, Schreie, Gelächter, Lust- und Schmerzenslaute, all das, was heftiger Mundbewegungen und großer Lautstärke bedarf, findet hier sein Betätigungsfeld. Die Akzentuierung der Mundpartie fördert gleichzeitig den sprachlich-kritischen Anteil der Unternehmung. Das von der Halbmaske freigesetzte Mundwerk des ansonsten von ihr verborgenen Gesichts hält mit entsprechenden Einwürfen nicht hinterm Berg.

Die typisierenden Überzeichnungen der Commedia dell'arte ähneln in manchem dem, was wir aus Kintoppfilmen, aus animierten Comics oder aus der Welt des Wrestling kennen. Die Züge der Figuren treten überdeutlich hervor, sie erscheinen noch als von Wesenseigenschaften distanzlos bestimmt. Als besondere Seite der Überzeichnung und zugleich als ein die Typisierung realisierendes Prinzip erscheint dabei ein hohes Affektniveau. Der starke Affekt verleiht dem Bestimmtsein durch die Wesenseigenschaft eine besondere Glaubwürdigkeit – und offenbart zugleich die Überzeichnung.

Die Komik der Figuren beruht nicht zuletzt auf dieser Doppeldeutigkeit, die dem Zuschauer zugleich Anstand und Mitvollzug ermöglicht. Geiz, Rausch, Bosheit, Begehren – das, was die Figuren umtreibt, ist in extenso präsent und erscheint in rezeptiver Distanzierung zugleich als ein Beherrschtes. Die ambivalente Lust am Typus hat eine sozial bereits fortgeschrittene Selbstkontrolle zu ihrer Grundlage. Der Typus lebt die kontrollierte Regung stellvertretend aus, der Zuschauer vermag sie als karnevaleske Negation mit zu vollziehen und verbleibt doch in der geordneten Welt der Affektkontrolle.

Gerade das »als ob« des Theaters in seiner Fixierung der Spielrealität erscheint hierfür als das geeignete Medium. Die Fixierung der Zuschauerrolle als Pendant zur Institutionalisierung des Theaters schafft die Distanz, die den doppeldeutigen Mitvollzug auf Dauer stellt. Von hier aus erhellt auch der Erfolg der Commedia dell'Arte in der höfischen Welt. Das Burleske, der Witz der niederen Stände löst im Spiel das feingliedrige Korsett der Distinktionen und Ehrbezeigungen, das die Affekte zunächst vor allem dort einspannte.

Die Commedia dell'arte findet ihr vorläufiges Ende im Zuge der weiteren bürgerlichen Aufklärung. Gottscheds Theaterreform stellt einen scharfen Angriff auf die Tradition des Stegreiftheaters dar, dem die Commedia entstammt. Die Auseinandersetzung kulminiert in der symbolischen Vertreibung des Hanswurst von der Bühne. Insge-

samt erscheint das Maskenspiel den Anforderungen an die Bühnencha-
raktere nicht mehr angemessen. Die Ansprüche der psychologischen
Motivation kollidieren zu stark mit der maskenhaften Typisierung. Der
nun geforderten Entwicklung der Figuren im Kontext der wohl umrissenen aristotelischen Einheit von Ort, Zeit und Handlung steht das
Momenthafte des Maskenspiels entgegen. Die Maske erweist sich als zu
starr, um den anthropologischen Implikaten eines Theaters Genüge zu
tun, das auf Individualität, dynamische Entwicklung und Affektkontrolle setzt.

Erst im 20. Jahrhundert kommt es wieder verstärkt zu Versuchen
einer Wiederbelebung des Maskentheaters. Sie speisen sich aus verschiedenen Quellen, kommen jedoch in der Kritik an einer dem bürgerlichen Aufklärungszeitalter entstammenden Theateranthropologie und
dem ihr entsprechenden Betrieb überein. Bertolt Brecht zielt mit seinem epischen Theater auf eine nicht-aristotelische Dramatik, wobei er
dem Illusionscharakter entgegenzuarbeiten versucht, der für das der
aristotelischen Dramatik anhängende Theater bestimmend ist. Der il-
lusionären Verschmelzung mit dem Bühnengeschehen – die im bürgerlichen Theater jedoch immer schon eine präreflexiv gebrochene ist! –
stellt er Verfremdungseffekte entgegen, die das Spiel auf die reflexive
Ebene ziehen sollen. Es handelt sich unter anderem um Elemente, die
den Clownerien und Schaustellungen auf Volksjahrmärkten, den Stili-
sierungen im chinesischen Schauspiel und dem Maskengebrauch entspringen.[88] Der »V-Effekt«, der aus dem Einbezug entsprechender Elemente resultiert, soll es dem Zuschauer ermöglichen, die Rolle des
passiv Rezipierenden mit der des aktiv Urteilenden zu vertauschen.

Zu einer direkten Anknüpfung an die Commedia dell'arte kommt
es bei Giorgio Strehler und seinen Inszenierungen am Piccolo Teatro in
Mailand. Auch Dario Fo hat in seinen Stücken immer wieder mit entsprechenden Masken gearbeitet. Ein besonderes Augenmerk lag bei diesen Versuchen auch auf der Wiederaneignung der kritischen Elemente
des Volkstheaters. Die Commedia dell'arte wurde als mögliche Aus-
drucksform einer Stimme von unten im Kontext einer hochkulturellen
Isolierung des Theaters zur Geltung gebracht. Zahlreiche Gruppen und
Kompagnien bis hinein in den pädagogischen und therapeutischen
Bereich haben diese Ansätze aufgegriffen.

Auf sehr unterschiedliche Weise findet die Maske Eingang in theatralische Experimente und die Performancekunst, wobei ein wesentlicher Anknüpfungspunkt in der grenzüberschreitenden Ausrichtung
der entsprechenden Ansätze besteht. Die Maske dient wie schon in der

Brechtschen Verfremdung oder in der Wiedergewinnung einer kritischen Volkskunst als Transzendenzgegenstand, der ausgegrenzte Elemente und Spielweisen integriert oder aber die gängige Theaterform als
solche unterläuft. Die Spannbreite des Einsatzes reicht dabei von der
Aufhebung der Grenze zwischen Spieler und Rezipienten durch die
Einbeziehung aller Anwesenden in ein Maskenspiel über die Negation
des Spielaspekts im Versuch, das Theatralische direkt als Transformation der Wirklichkeit anzulegen, bis hin zu einer Rückverlagerung des
Geschehens ins Magisch-Kultische als einer Ursprungsdimension des
Spiels.

Nicht zuletzt vor dem Hintergrund solcher Überschreitungen ist im
Westen auch die japanische Tradition des Nô-Theaters auf verstärktes
Interesse gestoßen. So bezieht sich etwa der Performer und Perfor-
mance-Theoretiker Richard Schechner auf das Nô-Theater und seinen
Theoretiker Seami.[89] Ein wichtiger Grund für das steigende Interesse
am Nô-Theater dürfte nicht zuletzt in seinem Verhältnis zur östlichen,
insbesondere buddhistischen Kultur zu suchen sein. Für den westlichen
Blick wird hier eine Konzeption des menschlichen Daseins absehbar,
die eine Herausforderung darstellt, weil sie eine Vorstellung vom Subjekt trifft, die über Jahrhunderte hinweg die westliche Kultur prägte. Sie
trifft sie in einem Moment, in dem die mit ihr verbundenen Ansprüche
brüchig geworden sind. Das Subjekt, das sich selbst als Ganzheit be-
greift und die vielen Facetten seines Lebens zur Einheit integriert,
erscheint mehr und mehr als Fiktion. Zu vielgestaltig sind die Anforderungen, zu divergierend die Wertsysteme, zu tiefgreifend die sozio-
kulturellen Prägungen, als das die überkommenen Vorstellungen von
Autonomie und Authentizität des Lebensentwurfs noch umstandslos
greifen würden. Die kulturellen Tiefenprägungen ebenso wie die Facetten der Differenz verweisen eher auf ein Spiel der Masken als angemes-
senes Bild der modernen Lebenswirklichkeit.

Diese Vorstellung, die in der herkömmlichen westlich-modernen
Perspektive auch etwas Erschreckendes hat, gewinnt in der östlichen
einen anderen Sinn. Die Maske wird zur Anerkenntnis des Ichhaften in
seiner Zufälligkeit und Endlichkeit, von der sich eine als befreiend
empfundene Entgrenzung in Abhebung bringt. Die Maske und ihr
Spiel werden zum Doppeldeutigen, das eine zufällige Verpuppung darstellt, aber nicht als etwas Defizitäres im Sinne eines rigorosen An-
spruchs auf Selbstformung, sondern als etwas Defizitäres im Sinne des
der Ichtendenz entspringenden Leids. Sie tendieren zum Rückbau
überzogener Ansprüche.

Malte Jaspersens Bericht von seinen Erfahrungen in einer japanischen Maskenwerkstatt verdeutlicht Entsprechendes.[90] Der Prozess der Herstellung einer Nô-Maske erscheint als meditatives, sich über mehrere Monate erstreckendes Geschehen. Der Herstellende folgt nicht einer Teleologie des schnellsten Wegs, sondern versenkt sich zeitvergessen in den Formungsprozess. Die Verfertigung der Maske gerät zur Einübung in eine Lebenshaltung, die das westliche Entwicklungsdenken und seinen Primat der Zukunft mit einem Tätigsein unter dem Primat der Gegenwart konterkariert.

Die neutrale Maske

Der Theaterpädagoge und Schauspieler Jacques Lecoq verwendet eine Maske, deren Gebrauch in besonderer Weise in das Verhältnis Körper – Gesicht – Expression eingreift. Es handelt sich um die sogenannte »neutrale Maske«, die der für seine Commedia dell'arte-Masken berühmte Amleto Sartori im Versuch der Annäherung an ein »reines« menschliches Gesicht entwickelt hat. Aller besonderen Ausdrücke entkleidet verweist die neutrale Maske auf eine Art Nullpunkt im Koordinatensystem der Gesichtsexpression.

Es wurde ja bereits erörtert, wie Emotionen, Affekte, Befindlichkeiten und Denkvorgänge die körperliche Selbstgegenwart betreffen und wie sie dabei auch in einzelnen Körperzonen gegenwärtig sind. In der kommunikativen Perspektive erscheinen die entsprechenden Regungen als Gestik und Mimik und kommentieren sich wechselseitig. Dabei fällt dem Gesicht meist die dominierende Rolle zu. Parallel zu den wortsprachlichen Gehalten steht es im Kernbereich eines Ausdrucksgeschehens, in dem die Partner sich aufeinander einstimmen und sich Wertungen besonderer kommunikativer Gehalte darstellen. Die übrigen Gesten werden in unserer Kultur dagegen eher von der Wortsprache und den Gesichtsregungen her »bedeutet«, um rekursiv dann wieder auf diese zu verweisen.

Die dominante Rolle des Gesichts im Ausdrucksgeschehen versucht Lecoq zu konterkarieren, indem er ein Schwergewicht auf die expressive Unabhängigkeit des restlichen Körpers legt. Hier findet die neutrale Maske ihren Ort. Sie nimmt dem Gesicht seine Rolle als Zentralinstanz im Bedeutungsvorgang. Der Schauspielschüler soll mit ihrer Hilfe eine Körpersprache erlernen, die nicht auf die Ausdrucksmöglichkeiten des

Gesichts zurückgreift, das vertraute Verhältnis von Körper- und Gesichtsexpression wird tiefgreifend modifiziert.

Die neutrale Maske kommt mit den anderen Masken darin überein, dass sie ein Gesicht darstellt und verhüllt. Das dargestellte Gesicht hat bei ihr jedoch die besondere Gerichtetheit verloren. Zwar erscheint auch es wie ein Medium zwischen »Innen« und »Außen«, aber es verweist von sich aus auf keine besondere Verkettung dieser Pole, es ist neutral, enthält sich des Kommentars.

Diese Zurücknahme bringt eine andere Verfremdung hervor als diejenige, die von der Ausdrucksmaske im Hinblick auf das lebendige Gesicht – bzw. von diesem schon im Hinblick auf sich selbst – hervorgebracht wird. Während die Ausdrucksmaske die besondere Rolle des Gesichts im Ausdrucksgeschehen nutzt und verfremdend noch akzentuiert, reduziert die neutrale Maske diese Rolle und unterläuft die übliche Hierarchie im Kommentierungsverhältnis von Gesichts- und Körperausdruck.

Grundsätzlich kommt es auch bei ihr zu jener Aufwertung der Körperbewegungen und vor allem der Kopfhaltungen und der Gestik, die bei den ausdrucksvollen Masken zu beobachten ist. Dort erhalten die Gesten vom Maskenausdruck jedoch ihre Grundbedeutung, und dies meist nachdrücklicher als vom lebendigen Gesicht – die Maske legt sie der ihr eigentümlichen Richtung, ihrer Stimmung und ihrem Affekt entsprechend fest und fordert ein Gestenrepertoire, das mit ihrem Ausdruck vereinbar ist. Bei der neutralen Maske entfällt diese grundsätzliche Festlegung. Sie zeigt nicht an, wie eine bestimmte Geste zu verstehen ist, sie verlangt nach keinem bestimmten Gestenrepertoire. Hierdurch gerät der Primat des Gesichts- bzw. Maskenausdrucks ins Wanken. Die sonst so zentrale Gesichtsfläche wird zunächst zu einem weißen Fleck in der Kartographie des Körperausdrucks.

Dies hat einschneidende Folgen für das vom restlichen Körper getragene Ausdrucksgeschehen. Einerseits wird er von der neutralen Maske nochmals aufgewertet, denn der Bedeutungsausdruck obliegt ihm nun ganz, kein Kommentar eines Gesichts oder einer Ausdrucksmaske springt ihm bei, die Bewegungen und Haltungen des Körpers müssen diese Aufgabe nun allein erfüllen. Andererseits verliert er so aber auch die Bestimmtheit, die ihm vom Gesicht oder der Ausdrucksmaske zufließt. Das routinierte Ineinandergreifen der sich kommentierenden Glieder und die wechselseitige Aufladung mit Sinn wird unterlaufen.

Entsprechendes gilt für die Vereinheitlichung des Spiels. Eine große Wirkung der Ausdrucksmaske besteht ja gerade in der einheitsstiften-

Abb. 5: Neutrale Maske aus Jacques Lecoqs Schauspielschule

den Kraft, die sie im Spiel entfaltet, während bei der neutralen Maske die Kraft des besonderen Maskenausdrucks, der in alle spielerischen Zusammenhänge hineinscheint und wesentlich zur Erzeugung von Spannung, Zusammenhang und Kohärenz beiträgt, entfällt. Sie ist Maske, ohne über die Kraft der Masken zur Besonderung und Bestimmung zu verfügen. Entsprechend wird sie zum Prüfstein für den Maskenspieler, der sich nicht allein auf die Darstellungskraft der Maske verlassen will. Indem die neutrale Maske die Bedeutung der Gesichtsfläche im Ausdrucksgeschehen zurücknimmt, bereitet sie den Gesten und Körperhaltungen in einer Weise die Bühne, die zugleich die Ansprüche an deren eigenständige Ausdruckskraft steigert.

Die Zurücknahme des besonderen Maskenausdrucks und seines besondernden Einfließens in den Körperausdruck impliziert aber nicht einfach nur eine Auflösung des Wechselbezugs zwischen Körperausdruck und Maske, die Neutralisierung der Gesichtsfläche bedeutet nicht, dass sie aus dem Ausdrucksgeschehen einfach herausfällt. Die an Gesichtsstelle stehende neutrale Maske verbleibt in einem Ausdrucksverhältnis zu den Gesten und Körperhaltungen, überlässt diesen jedoch den Primat – es kommt zu einer Umkehrung der Bestimmungsverhältnisse im körperlichen Ausdrucksgeschehen.

Das neue Verhältnis zwischen Gesichts- und Körperausdruck zeigt sich daran, dass die Besonderung des Ausdrucks, die nun wesentlich dem Körper obliegt, als Bestimmungsmoment den Maskenausdruck »überströmt« und dessen Neutralität bis zu einem gewissen Grad aufhebt. Wie vom Grund eines Wasserlaufs scheint der neutrale Ausdruck durch den Spielstrom des Körpers und seiner Gesten, wird von ihm dabei aber vielfältig gebrochen. Dem Spielverlauf entsprechend erscheinen auf der Maske nun Anflüge von Besonderungen, von Regungen, Gefühlen, Befindlichkeiten. Das fortbestehende Verhältnis zum Körperausdruck trägt den Unterschied in die Maske hinein und macht das Spiel mit ihr für Spieler und Betrachter zu einer Übung in Subtilität.

Dieses »Überströmen« findet sich natürlich auch bei der Ausdrucksmaske. Sie ist nicht notwendig auf nur einen Ausdruck festgelegt. Der Körperausdruck trägt auch bei ihr Unterschiede in den Ausdruck hinein bzw. lässt unterschiedliche, ja gegensätzliche Ausdrücke, die in ihr angelegt sind, zur Geltung kommen.

Die auf dieser Pluralität von Ausdrucksmöglichkeiten gründenden und sich erst mit dem Körperausdruck realisierenden Verschiebungen können sogar dramatischer als bei der neutralen Maske sein. Zum einen realisieren sie Ausdrucksmöglichkeiten, die als solche an ihr vielleicht nur schwer absehbar waren – sie können damit auf eine überraschende Art und Weise eine unterstellte Einsinnigkeit dementieren. Zum anderen statten sie die jeweiligen Ausdrücke mit der besondernden Kraft der Ausdrucksmaske aus – sie haben in der Maske ein Fundament und werden von ihr »festgehalten«, während die neutrale Maske gänzlich vom Körperausdruck bestimmt wird und den einzelnen Ausdruck entsprechend auch schneller wieder »loslässt«.

Doch bei aller Pluralität besitzt die Ausdrucksmaske natürlich nicht die Offenheit der neutralen Maske. Nicht alles kann in sie einfließen, vielmehr sind bestimmte, unter Umständen weiter zu explorierende Grundrichtungen vorgegeben. Andererseits sind auch die Trennlinien nicht zu scharf zu ziehen, die verschiedenen Masken stehen in einem Kontinuum, für das im Großen und Ganzen gilt: Je ausdrucksstärker und bestimmter sie sind, desto weniger Variationen des Grundausdrucks ermöglichen sie; je ausdrucksärmer und neutraler sie sind, desto mehr Ausdrucksvariationen sind möglich – diese werden dann jedoch in einer subtileren, weniger augenfälligen Weise zur Geltung kommen.

Eine Beschreibung, die nur auf das Verhältnis zwischen neutraler Maske und Körperausdruck als Zurücknahme des Maskenausdrucks und auf die Umkehrung in den Bestimmungsverhältnissen der wechselseitigen Kommentierung abhebt, ist aber noch nicht differenziert genug. Denn dass die Maske keinen bestimmten Ausdruck zeigt, heißt nicht, dass von ihr überhaupt nichts Eigenständiges in das Ausdrucksgeschehen einfließt.

Im Weiteren ist zu zeigen, dass es auch zu einer Bestimmung im Ausdrucksgeschehen kommt, die von der neutralen Maske ihren Ausgang nimmt, und zwar gerade durch die Zurücknahme des Ausdrucks. Die Sequenz, in der die Eigenständigkeit erscheint, lässt die Zurücknahme des Ausdrucks in verschiedener Hinsicht als Verfremdung des Ausdrucksgeschehens selbst hervortreten – zunächst als eine immanente Verfremdung des Ausdrucksgeschehens, sodann als ein Herausfallen aus seinem Rahmen, schließlich als eine bestimmtere Entgegenstellung gegen es. Auf all diesen Stufen der Verfremdung erscheint das Ausdrucksgeschehen in je besonderem Licht.

Die mit dem Gebrauch der neutralen Maske zusammenhängenden Verschiebungen können erstens im Rahmen des Ausdrucksgeschehen selbst als besondere Ausdrücke erscheinen, die aus einer Verfremdung des lebendigen Gesichts bzw. aus einer Verfremdung jener Verfremdung resultieren, die für den Gebrauch der Ausdrucksmaske im Hinblick auf das Gesicht kennzeichnend ist.

Diese immanente Verfremdung lässt sich wiederum nach zwei Seiten beschreiben. Einmal direkt im Zusammenhang mit der Zurücknahme des Ausdrucks. Hier wurden schon folgende Wirkungen unterschieden: Die neutrale Maske neutralisiert direkt die Bestimmungskraft des lebendigen Gesichts bzw. der Ausdrucksmaske, die diese Kraft noch spezifisch akzentuiert; entsprechend entzieht sie diese dem Körperausdruck als eine ihm aus dem Gesichts- oder Maskenausdruck zufließende besondernde Ausdruckskraft; so vermittelt nimmt sie schließlich einem aus Gesichts- bzw. Maskenausdruck und Körperausdruck zusammenfließenden Ausdrucksgeschehen in eigentümlicher Weise die Ausdruckskraft.

Die Neutralisierung des Ausdrucks ist, indem sie sich von den bestimmten Ausdrücken unterscheidet, aber selbst etwas Bestimmtes, eine Besonderung des Ausdrucks, in dem jeder besondere Ausdruck den genannten Wirkungen entsprechend als zurückgenommen erscheint. Das Besondere an der Neutralisierung ist, dass sie von sich aus weder etwas Besonderes zeigt noch den Körperausdruck und das aus Gesichtsbzw. Maskenausdruck und Körperausdruck zusammenfließende Ausdrucksgeschehen besondert.

Zum anderen ist mit der Zurücknahme der Ausdruckskraft ja ein Umschlag verbunden – der zurückgenommene Gesichts- resp. Maskenausdruck überträgt dem Körper den Primat im Ausdrucksgeschehen. Die neutrale Maske ist das Vehikel dieser Übertragung. Die Zurücknahme führt dazu, dass sich ein neuer Schwerpunkt geltend macht.

Das verfremdende Licht, in dem das ganze Maskenspiel nun erscheint, resultiert aus dieser Verlagerung. Beim Spiel mit der neutralen Maske erscheint ein ungewöhnlicher Ausdrucksschwerpunkt, wobei ungewöhnlich meint: in Differenz zum gewöhnlichen Schwerpunkt des Spiels, der zurückgenommen wurde. Als zurückgenommen tritt er aber wiederum hervor, denn erst in der Differenz expliziert er sich, erst jetzt zeigt er sich als das, was er war, ohne dass dies explizit wurde.

In dieser Explikationsbewegung überschreitet die immanente Verfremdung sich jedoch schon selbst: Sie lässt nicht nur Schwerpunkte, sondern den Mechanismus der Schwerpunktbildung hervortreten, sie bringt das Spiel als Spiel insofern schon auf Distanz, als sie uns eines seiner wesentlichen Mittel verdeutlicht.

Die Übertragung des Schwerpunkts hat unter anderem zur Folge, dass die Körperausdrücke verstärkt in die neutrale Maske hineinspielen. In einem zweiten Schritt ist nun zu beachten, dass sie sich auf ihr zwar abzeichnen, jedoch mit einer wenig aufdringlichen Subtilität und in einer eigentümlich »flüssigen« Form. Will man sie fixieren, drohen die Ausdrücke zu »verschwimmen«. Indem die Bestimmtheit des Ausdrucks – soweit es sich nicht um die Bestimmtheit eines die Bestimmtheit zurücknehmenden neutralen Ausdrucks handelt – bei ihr in den Ausdrucksbewegungen des Körpers und der Dynamik des Spiels gründet, hat sie nicht die bei den Ausdrucksmasken anzutreffende Eigenständigkeit. Die neutrale Maske vermag den Bestimmungen, die sie durch das Spiel erfährt, nicht den Nachdruck zu verschaffen, den die eigenständigere Ausdrucksmaske ihnen gibt. Entsprechend vermag sie nicht, diese festzuhalten – sie ist ein Medium, an dem sie aufscheinen, um sich wieder in dessen Neutralität zu verflüchtigen.

Bezogen auf den Zusammenhang des Spiels treten an ihr so sehr schnell Reste von »Äußerlichkeit« hervor. Sehr leicht löst sie sich vom Spielfluss und seinen Bestimmungen und erscheint als eine nicht integrierte Leerstelle, an der dieser sich verströmt. Als ein weißer Fleck läuft sie durch die Szene und fällt aus dem Spiel heraus.

Die Subtilität und der sich auf ihr abzeichnende fließende Ausdruck sind es, die das Spiel mit der neutralen Maske – wenn es sich denn um ein die herkömmlichen Formen von Geschlossenheit anstrebendes Spiel handelt – prekär machen und besondere Anforderungen an den Spieler, aber auch an den Zuschauer stellen. Insofern der Ausdruck hier besonders flüchtig ist, muss der Spieler es verstehen, die Kontinuität und Spannung des Spiels aufrecht zu erhalten. Insofern er oft nur in feinsten Nuancen auf der Maske erscheint, bleibt auch zur Entfaltung der Dynamik nur ein sehr schmaler Bereich. Entsprechend muss sich der Zuschauer auf dieses Spiel mit minimalen Nuancen einstellen.

Die Zurücknahme des Ausdrucks und die Subtilität kommen jedoch auch als Verfremdungen in Betracht, die das Spiel selbst überschreiten. Indem sie im Spiel nicht restlos aufgehen, sprengen sie seinen Rahmen und setzen es in ein Licht, in dem es zunächst präreflexiv distanziert erscheint. Ohne dass dies thematisch werden müsste, ist das Herausfallen der neutralen Maske der Index, an dem die Betrachtung sich zur »Betrachtung eines Spiels« zurücknimmt. Die Maske wird zur Öffnung, die auf ein »Außen« des Spiels verweist und immer wieder verdeutlicht, dass es »nur Spiel« ist.

Das Herausfallen muss jedoch nicht Inadäquatheit sein, also etwa Diskrepanz zwischen Intention und misslungener Realisation oder zwischen gelungener Realisation und unangemessener Rezeption, sondern kann sich drittens als Mittel der näheren Bestimmung und der bestimmteren Entgegenstellung erweisen.

Sehr anschaulich wird der Übergang von einem bloßen Herausfallen zur näheren Bestimmung an Gesichtsdarstellungen in Bildern von Piero della Francesca. Gegenüber der neutralen Maske tragen die Gesichter bei Piero zwar Züge, die die Figuren unverkennbar machen, dennoch erscheint ihr Ausdruck oft maskenhaft und gleichsam »neutralisiert«.

Eine augenfällige Wirkung hat dies dort, wo damit eine vom Betrachter erwartete starke affektive Beteiligung konterkariert wird. So sehen wir in Werken wie der *Geißelung Christi*, der *Folter des Juden* oder der *Schlacht zwischen Heraklius und Chorroes* Gesichter, die statt Schmerz oder Hass eine denkbar große Distanz zum Dargestellten ausdrücken. Sie geben keinen bestimmten Kommentar, zeigen keinerlei Engagement in die Situation – Tun und Leiden erscheinen als Geschehensmomente, die sich äußerlich an den Körpern vollziehen.

Das Zurücknehmen ist hier jedoch nicht mehr nur Herausnehmen, der Gesichtsausdruck fällt nicht einfach nur aus der Bewegtheit der Szene heraus. Er zeigt auch nicht lediglich Ruhe im Unterschied zu Bewegung an, die Differenz ist bestimmter. In seiner Ruhe ist er anders, als die Bewegtheit der Szene es erheischt. Er stimmt mit dieser nicht überein, wo diese Übereinstimmung fordert, er drückt sie nicht aus, wo sie ihn als Ausdruck herbeizitiert, er widersteht der Forderung mitzuspielen.

Insbesondere unterläuft er die Kontinuitätsbeziehung mit ihr, indem er die Bewegung weder von sich ausgehen noch bei sich enden lässt. So verweist das Gesicht einer qua Körper in eine Tätigkeit verstrickten Figur bei Piero nicht auf dieses Tun, es gibt sich uns nicht als Ausgangspunkt, von dem her es sich erschließen ließe. Ebenso ist das Gesicht des Leidenden nicht Endpunkt einer auf seinen Körper gerichteten Bewegung, es zeigt nicht an, was der Figur widerfährt, es macht sich nicht in der erwarteten Weise zum Zentrum des Ausdrucks.

Der neutrale Gesichtsausdruck führt zu einer besonderen Beziehung zwischen Gesicht und sonstigem Bildinhalt. Der Umriss des Gesichts erscheint als Grenzlinie innerhalb des Bildes – an ihr treten Gesichtsfläche und übriger Bildinhalt in einen Gegensatz, in dem sie sich durch wechselseitiges Ausschließen definieren. Der Einschluss des neutralen Gesichts in das Bild und sein Ausschluss aus dem Geschehen schaffen eine Bildinsel. Als ein Ruhepol steht es den aufwühlenden Gehalten, der Gewalt und dem Kampf, dem Bewegten und Unsteten der Szene gegenüber.

Das neutrale Gesicht entzieht sich jedoch nicht nur, durch die besondere Diskontinuität zum übrigen Inhalt konstituiert sich vielmehr eine neue widersprüchliche Einheit, ein Ganzes, in dem es als widersprechendes Moment erscheint. Dabei widerspricht es auf sehr eigenartige Weise: Es lässt sich nicht auf die Logik seines Gegensatzes ein, es macht auch keinen schroffen Manichäismus auf, es setzt sich nicht als Prinzip des Guten, das einem Bösen nur zu widerstehen vermag, indem es dessen Mittel übernimmt. Entsprechend kommt es weder zu einem Triumph über das Andere, das im restlichen Bildinhalt erscheint, noch zu einer mystischen Verzückung angesichts einer im Leiden durchschimmernden Wahrheit, die Gesichter bei Piero bleiben neutral, und wo dies einmal nicht der Fall ist – andeutungsweise etwa im *Martyrium des heiligen Sebastian* – verlieren sie sogleich vieles von ihrer Kraft.

Das neutrale Gesicht erscheint als das in der Spannung zum bewegten Bildinhalt nicht nach dessen Muster Bestimmbare. In seiner Ruhe ist es Gegensatz zum Bewegungsmuster, aber gerade als Gegensatz auch eigenständig. Es widersteht in dieser Ruhe, ohne sie sich abringen und dabei den Gegensatz innerlich reproduzieren zu müssen – es ist Gegensatz letztlich durch das Andere, dass sich an ihm verströmt. Und in dieser Eigenständigkeit wird es gerade nicht erreicht von dem, dem es widersteht.

Dies Verströmen variiert das Verströmen des Körperausdrucks an der neutralen Maske so, dass daran gleichzeitig eine entfaltetere Form sichtbar wird: Es gründet nicht in einer Eigenständigkeit, die aus dem Spiel herausfällt, indem an ihm die Nuance unmerklich wird und die Integration schlicht scheitert; die Neutralität ist auch keine Kaltblütigkeit oder falscher Heroismus, sie steht nicht affirmativ über einer Sphäre der Gewalt und des Bewegten; sie tritt auch nicht gleichgültig aus der Spannung, die ihr Gegensatz aufmacht, heraus; vielmehr bezieht sie aus ihm, gerade indem sie in ihm steht, ohne innerlich von ihm bestimmt zu sein, ihre Wirkung.

Die Wirkung des neutralen Gesichts und der neutralen Maske zeigt sich wesentlich im Geschehen selbst, im Spiel, welches Maske bzw. Gesicht in die Gegensatzposition zu sich bringt, ohne sie doch mit seiner Forderung nach Einstimmung auch nur negativ bestimmen zu können. Sie widerstehen »kampflos«, sie lassen sich nicht »aus der Ruhe« ihrer Neutralität bringen. Es handelt sich so nicht um Rückwirkung, um eine Wirkung, die auf das Geschehen zurückfällt, sondern um das Offenbaren von Wirkungslosigkeit, um das Aufmachen einer Diskrepanz von Wirkanspruch und Verwirklichung.

Die neutralen Ausdrücke spiegeln die Forderung als an ihrer Neutralität gebrochen zurück. Die Sinnbezüge des Spiels, der Zwang der Bezugnahmen, die Logik der Affekte erhalten nicht nur eine äußerliche Grenze, hinter der etwas von ihnen nicht Erreichbares liegt, dieses von ihnen nicht Erreichbare erreicht, indem sich an ihm ihre Wirkungslosigkeit offenbart, nun sie selbst. Indem das Spiel sich am neutralen Ausdruck verströmt, scheint er in es hinein, indem es sich an ihm bricht, neutralisiert er es.

Indem die Forderung einzustimmen sich an ihm als wirkungslos erweist, wird gerade die Forderung zum Vehikel der Neutralisierung. Sie läuft am neutralen Ausdruck ins Leere und lässt ihn so in alle Einzelheiten des Geschehens hineinscheinen. Das Leerlaufen öffnet das Spiel, durch es widerfährt seinen Gehalten die neutralisierende Andersheit der nicht durchgesetzten Forderung.

Die Festigkeit, als die der neutrale Ausdruck sich der Bewegung darbot, lässt diese nun zur Ruhe kommen. Indem sie den neutralen Ausdruck nicht ihr gemäß transformieren kann, erscheint sie als im Innehalten begriffen, als Übergang zur Ruhe. Der neutrale Ausdruck, der sich kampflos behauptet, ist so dem Geschehen nur kurz vorweg. Schon hat dieses seine Kraft verloren, gleich erstirbt es in sich selbst – oder vielmehr: es wird transparent. Das Geschehen, das am uneinnehmbaren neutralen Ausdruck sich nicht zentrieren, das nicht zum Handeln werden kann, lichtet sich, es verliert seine Dichte. Es erschließen sich die Setzungen, in die der Einzelne sich mit seinen Stellungnahmen und Wertungen, seinem praktischen Handeln verstrickt, es ist der Moment, in dem das Absurde der Gewalt aufscheint.

Entsprechend depotenziert das neutrale Verharren die Welt des Tuns und Leidens nicht, um sie zu entwirklichen, sondern auch, um die Kritik an deren Gewaltcharakter zu radikalisieren. Die neutrale Maske und das neutrale Gesicht verweisen auf eine neue Einheit der Situation, die deren besondere Gehalte überschreitet. Sie sind Öffnung und Entdichtung, in das Geschehen eingelassen stehen sie für den Moment des Übergangs, für die Einkehr in der Bewegtheit, für ein Ansichhalten und die Möglichkeit des Neuanfangs.

Abb. 6: Piero della Francesca, Schlacht zwischen Heraklius und Chorroes (Ausschnitt)

Rituelle Masken

»Es gibt in New York einen verzauberten Ort, wo sich die Träume der Kindheit ein Stelldichein geben; wo jahrhundertealte Baumstämme singen und sprechen; wo undefinierbare Gegenstände den Besucher mit der ängstlichen Starre von Gesichtern belauern [...]«.[91] Eine Reminiszenz an das *American Museum of Natural History* leitet Claude Lévi-Strauss' Maskenbuch ein. Das besondere Interesse des Ethnologen gilt einer Sammlung, die den Indianerstämmen der amerikanischen Nordwestküste gewidmet ist. In der Vielfalt ihrer Kunst, in einer in ständiger Umwandlung begriffenen Formensprache schlägt ihm eine »dithyrambische Kraft zur Synthese« entgegen, eine »fast monströse Fähigkeit, Dinge als ähnlich wahrzunehmen, die andere Menschen als verschieden ansehen.«[92]

Lévi-Strauss geht einer Erfahrung nach, die für unseren Umgang mit archaischen Masken charakteristisch ist. Wir suchen sie auf in den Magazinen der Kulturgeschichte, wir betrachten sie isoliert von den ursprünglichen Kontexten des Gebrauchs. Und auch als Objekte erscheinen sie meist fragmentiert, ohne die Kostüme und Behänge aus vergänglicheren Materialien, die den Weg ins Museum nicht fanden. Sie treffen zudem auf einen Rezipienten, dem die »Allgegenwart des Übernatürlichen« und das »Wuchern der Mythen« durch eine Jahrhunderte während Geschichte der Entzauberung und Rationalisierung fremd geworden ist.

Und dennoch erreichen die Masken den Betrachter mit einer unerwarteten Intensität. Es wohnt ihnen eine Fähigkeit inne, die selbst durch die museale Einhegung hindurch noch spürbar wird: »Diese primitive Botschaft, welche die Gelassenheit des Alltags durcheinanderbringt, ist so heftig, dass es der prophylaktischen Isolierung der Glaskästen noch heute nicht gelingt, ihre Sprache zu behindern. Man gehe ein oder zwei Stunden lang durch jenen Saal voller ›lebender Säulen‹ [...]«[93] Die Objekte der Sammlung behaupten ihr Recht gegen die Vitrinen und die Klassifikationsschemata.

Es scheint so, als wären die Grenzüberschreitungen, die vor allem die

Masken in den Rahmengefügen der archaischen Welt vermittelten, auch für den heutigen Betrachter noch in gewisser Weise virulent, als hätte das säkularisierte Bewusstsein sich hier einen Rest an Durchlässigkeit bewahrt. Neben den Modulationen von Spiel und »realer« Wirklichkeit zeigt sich so ein weiterer modulatorischer Zusammenhang. Er hat weniger zu tun mit einer Aufhebung von Unterschieden zwischen den Kulturen als vielmehr mit der Anerkennung des Eigengewichts ihrer jeweiligen Deutungspraxen, die ein näheres Verständnis des Eigenen und Fremden überhaupt erst eröffnet.

Die isolierte Maske

Kultische Masken begegnen uns heute meist als Gegenstände des Sammelns und der archivarischen Sichtung. Sie stehen in einem musealen Rahmen, öffentliche Darbietungen folgen methodisch-wissenschaftlichen, kulturpolitischen oder kommerziellen Gesichtspunkten. Wie ein Nachklang erscheint in dieser Abtrennung vom ursprünglichen Gebrauchszusammenhang der Prozess der Anverwandlung, den Lévi-Strauss angesprochen hat. Andererseits waren auch dem ursprünglichen Kontext der Masken Isolierungen eigentümlich. Man wusste um die Wirkung, die der maskenhaften Gesichtsdarstellung für sich allein zukommt, und auch die mit der Evokation des Magischen verbundene soziale Macht der Maskenträger hatte Praxen der Isolierung und Absonderung zur Folge.

Auf die Wirkung der isolierten Maske führt unter anderem Ernst Gombrichs Essay *Maske und Gesicht*. Gombrich wies darauf hin, dass Gesichtsdarstellungen einen muskulären Sinn offenbaren, indem sie die dargestellten Ausdrucksgehalte auf den Betrachter überspringen lassen. Es handelt sich um eine körperliche Anverwandlung, die ähnlich auch in den face-to-face-Beziehungen des Alltags wirksam wird.

In Hinblick auf die Darstellung lassen sich bestimmte Bedingungen der Bezugnahme aufzeigen, die diese Art des Kontakts ermöglichen oder zumindest erleichtern. Sind sie erfüllt, kann es im Weiteren zu einer anverwandelnden Bezugnahme kommen, die den Körper vom Objekt her in besonderer Weise betrifft. Ausgehend vom Betrachter lässt sich von hier aus schließlich eine komplexe Zirkularität beschreiben, die den Gegenstand als anderen Pol der Bezugnahme in besonderer Weise mit einbezieht.

Der Anverwandlung voraus liegt ein Identifikationsvorgang, der jener typisierenden Mikrosequenz entspricht, in der sich eine Gegebenheit als Gesicht erschließt. Auch hier ist die Bewegung von einem markanten Bereich hin zur Erfassung des Gesichts als Ganzem sowie die Erfassung des Grundausdrucks von besonderer Bedeutung. Dabei spielen – wie schon beim lebendigen Gesicht – einzelne, besonders ausdrucksstark gestaltete Partien eine wichtige Rolle.

Auch die frontale Stellung ist von besonderer Bedeutung. In der seitlichen Perspektive mag bei einer flächigen Abbildung die Plastizität vielleicht besser zur Geltung kommen, die mit dem Blick zusammenfallende lineare Ausrichtung der Darstellung verweist so jedoch oft nur auf ein »Drittes«.

Im Vergleich zu Porträts und sonstigen Abbildungen führen Masken oft in sehr eindringlicher Weise auf die anverwandelnde Bezugnahme. Gegenüber der reproduzierbaren Darstellung verbindet sich mit der räumlichen Anwesenheit der Maske eine besondere auratische Präsenz, ein Surplus, das sich auch gegenüber dem Original eines Tafelbilds oder anderen Kunstgegenständen geltend machen kann.

Mit Blick auf die Wirkung, mit der sich die Masken in der archaischen Welt aufgedrängt haben müssen, ist vor allem auf die bei Lévi-Strauss anklingende Offenheit hinzuweisen, jene Durchlässigkeit im Rezeptionsvorgang, durch die die Maske den Betrachter mit ihrer muskulären Botschaft erreicht. Masken erschließen sich dem Betrachter, indem er ihnen den eigenen Körper als Wirkfläche zueignet und es ihnen ermöglicht, so zu wirken, dass er sich ihnen in gewisser Weise angleicht.

Dabei ist die Maske selbst schon auf die entsprechende »Kommunikation« mit dem Betrachter hin konzipiert. Sie erschließt das ihr Eigentümliche mit großer Leichtigkeit, wenn er sich ihr in entsprechender Weise zuwendet. Ja, sie verfügt über besondere Mittel, die diese Wendung ermöglichen. So dienen etwa besonders augenfällige Partien als Verbindungspunkte. Mehr oder weniger unwillkürlich verkörpert der Betrachter sie, formt sie an sich nach und tritt ein in den vorgezeichneten Bezug. Wie schon bei der Wahrnehmung eines lebendigen Gesichts kann die Nachformung dabei weit subtiler sein als der wahrgenommene Ausdruck selbst. Sie kann in einer Andeutung bestehen oder sogar nur in einer minimalen Impulsierung der Partien, die zu einer Nachformung erforderlich wären.

Derartige Entsprechungen reichen aus, um beim Rezipienten eine Innenspannung hervorzubringen, in die sich die weiteren Eigentümlichkeiten der Maske einflechten. Von dieser Spannung her erschließen sich wesentlich der Zusammenhang des Maskenausdrucks, die Formung einzelner Teile, die besonderen Akzente, die Hervorhebungen von besonderen Gesichts- und Kopfpartien sowie die Übersteigerungen der Ausdrücke. Die Maske zeigt ein Schema, das als körperliche Selbstgegenwart auf den Betrachter überspringen soll.

Ausgehend von der sich an den »Kontaktpunkten« ergebenden und im weiteren Wahrnehmen verstärkenden Übertragung des körperlichen Schemas kommt eine *Zirkularität* zustande, durch die er immer stärker auf den Wahrnehmungsgegenstand geworfen wird und dieser ihn in immer intensiverer Weise betrifft. Die Bestimmung der Körperlichkeit des Betrachters in dieser Zirkularität bestimmt den weiteren Rezeptionsprozess.

Dabei richtet er sich nicht direkt auf den Übertragungsvorgang oder auf das in diesem Übertragungsvorgang bei ihm erzeugte Muster, sondern ist *als* dieses Muster bei seinem Objekt. Indem er das vorliegende Gesichtsmuster als eine besondere Gesichtsspannung inkorporiert, ist er es selbst. Er wird zum sehenden Bild des gesehenen Bildes, zu einem wahrnehmenden Abbild des in der Wahrnehmung Abgebildeten, zu einem reflektierenden Reflex, in dem Aktivität und Passivität, Projektion und Rezeptivität zusammenfließen.

Das vom körperlichen Muster getragene Wahrnehmungsmuster ist dabei Umgestaltung des bloß identifikatorischen Musters des distanzierten Sichtbezugs. Das, was vom Betrachter identifiziert wurde, hat ihn nun mit sich gleich gemacht. Als Bild des Bildes kommt er in Übereinstimmung mit der Maske, er nimmt an ihr etwas wahr, was er – auf sie gerichtet – an sich selbst verspürt. Die anverwandelnde Bezugnahme ist ihm so in unthematischer Weise *Wiedererkennen* des anderen Bezugsgliedes an ihm und durch ihn selbst.

Als Wiedererkennen hat die Bezugnahme die Kraft des erinnernden Wahrnehmens, wie sie auch der mehr oder weniger unklaren Vergegenwärtigung eines Abwesenden im Anwesenden eigentümlich sein kann, dem nicht-bestimmt Erinnerten, das »ähnlich« war, etwa den Reminiszenzen an Traum und Schlafwandeln, die an den verlangsamten Bewegungen des Maskenspiels aufscheinen. So ist die Bezugnahme auch Intensivierung der Wahrnehmung, gedoppelt durch die »Erinnerung« an den eigenen Körper im Wahrnehmen selbst. Sie ist Wiedererkennen des Wahrgenommenen in der körperlichen Selbstgegenwart – der Kreislauf der anverwandelnden Bezugnahme verstärkt sich selbst.

Die anverwandelnde Bezugnahme ist jedoch Erinnerung als Wahrnehmen eines erinnerten Gegenstands *in seiner Gegenwart*. Sie hat das zusätzliche Wirkmoment der Vergegenwärtigung eines Abwesenden, eines früher Gesehenen, unklar Ähnlichen, im Anwesenden, erinnert dabei jedoch nur das Anwesende an dieses selbst. Sie ist Erinnerung als dessen im Wahrnehmen veräußerlichte Verinnerlichung. Das von ihr im Bezug zum Wahrnehmenden in diesem erzeugte Muster wird zu einem Muster des Wahrnehmens des hier präsenten Mustergebenden selbst.

Indem die Wahrnehmung sich mit der Kraft des Erinnerns an das Gegenwärtige auflädt, in Gegenwart des erinnerten Gegenstands erfolgt, geht es nicht um Ähnlichkeit, sondern um *Identität*. Dennoch kommt sie nicht direkt von der Präsenz des Gegenstands. Die Wahrnehmung erhält den Charakter der Erinnerung dadurch, dass sie von woanders herkommt, indem sich etwas – nämlich der dem Gegenstand anverwandelte Körper – als Erinnerungsstück »dazwischenschiebt« und die Wahrnehmung verdoppelt. Es kommt zu einer Oszillation zwischen Identität und Ähnlichkeit, zwischen Schärfe und Unschärfe, zwischen Präsenz und Erinnerung, zwischen Gegenwart und Vergangenheit als zwischen Momenten, die sich wechselseitig akzentuieren.

Eine besondere Seite der anverwandelnden Bezugnahme besteht darin, dass sie die oft unrealistischen Proportionen des Gegenstands »realisiert«. Überdimensionierte und besonders hervorgehobene Partien visualisieren nicht nur einen besonderen Ausdrucksgehalt, sondern werden in dieser Hervorhebung als der eigenen Haltung und dem eigenen Ausdruck momentan inkorporierte Muster »am eigenen Leib« empfunden. Die mit der Nachformung verbundene Anspannung lässt die entsprechenden Körperzonen der Vorlage gemäß tatsächlich größer oder intensiver erscheinen. Die Maske weist auch noch in der skurrilsten Gestaltung der körperlichen Selbstgegenwart des Betrachters ein Muster zu.

Dabei werden jedoch nicht nur die unrealistisch hervorgehobenen Gesichtspartien vom Betrachter realisiert, die Anverwandlung geht noch weiter. Über tatsächlich vorhandene Gesichts- und Kopfpartien hinaus werden völlig phantastische Vorgaben wirksam – auch Phantasiegebilde, in denen die Maske ausläuft, werden inkorporiert. Es kommt zu einer von der Maske vorgezeichneten Phantomwahrnehmung.

Die rituellen Masken, auch wenn sie in einer vom ursprünglichen Gebrauch abgetrennten Darbietungsform gegeben sind, erscheinen natürlich in einem komplex bestimmten Rahmen. Der Bericht von

Lévi-Strauss verweist jedoch auf eine gewisse Resistenz der Masken gegen solch ein umcodiertes Feld – eine Erfahrung, die sich im Kontext von unterschiedlichen Darbietungsformen immer wieder machen lässt. Es sollte deshalb nicht verwundern, dass die Isolierung der Maske auch im rituellen Kontext selbst eine Rolle spielt, d. h. in einem Gebrauchszusammenhang, in dem sie ohne weitere Verlebendigung anwesend ist.

Karl Kerényi weist darauf hin, dass »Masken in Wald und Feld, von Bäumen hängend, auf altarartigen Erhöhungen aufgesetzt [...] dem Menschen der römischen Kaiserzeit noch vertraute Bilder«[94] waren. Walter F. Otto beschreibt Entsprechendes für das Fest der Weinmischung im antiken Griechenland, wobei sich den Teilnehmern an hölzernen Säulen befestigte Dionysosmasken präsentierten. Otto hebt den Widerspruch hervor, der in einer solchen Darbietungsform liegt: Bei der Maske handelt es sich um die »bloße Außenseite und Oberfläche eines Gesichts, scheinbar zu nichts anderem geeignet, als von einem lebendigen Gesichte zum Zweck der Verkleidung getragen zu werden« – und doch sollte in der Maske Dionysos erscheinen, sie hatte in der Epiphanie allein für sich den Maskengott darzustellen.[95]

Das Rätsel löst sich durch das doppeldeutige Wesen des Gottes selbst. Dionysos gehört nicht zu den entrückten Olympiern, er sucht die Nähe der Menschen und begibt sich oft unter sie. Die Maske wird dabei zum nachdrücklichsten Zeichen seiner Präsenz. Otto vermerkt, dass »selbst unser Gefühl noch vom Anblick der Maske so getroffen werden kann, dass wir plötzlich verstehen, warum gerade sie für sich allein, mehr als jede Art von vollständigem Abbild, die zwingendste Gegenwart anzeigte, und so den in unmittelbare Nähe tretenden Geistern, vor allem aber dem gewaltigsten unter ihnen, Dionysos, zum Bilde dienen mußte.«[96]

Interessant erscheint hier eine Umkehrung des Verhältnisses von Maske und Gesicht, wie Otto sie von einer Dionysosdarstellung herleitet. Ein Vasenbildnis zeigt einen Zug von Göttern, die sich im Profil darbieten, nur Dionysos blickt den Betrachter frontal an. Während die herkömmliche Deutung darin einen Ausdruck für den Maskencharakter des Gottes sieht, schlägt Otto vor, den Maskencharakter von der besonderen Präsenz des Dionysos her zu verstehen. Er ist der Anschauende, der Gott der unmittelbarsten Gegenwart, und »weil es seine Art ist, mit solcher Mächtigkeit plötzlich vor den Menschen zu erscheinen,«[97] dient ihm die Maske als Symbol und Verkörperung.

Zwei Prämissen führen zu dieser Schlussfolgerung. Einmal erscheinen im Gesicht und vor allem im Blick die menschen- oder tiergestaltigen Wesen in markantester Weise. Zum anderen hält die Maske gerade diese Erscheinung fest. Sie ist das »stärkste Sinnbild der Gegenwärtigkeit. Ihre gerade gerichteten Augen sind unentrinnbar, ihr Gesicht von unerbittlicher Starrheit«. Der Betrachter wird – anders als bei Darstellungen, die ihm mehr Spielraum zugestehen – zu einem von der Maske Erblickten: »Hier ist nichts als Begegnung, der man sich nicht entziehen kann; unverrückbares, bannendes Gegenüber.«[98] Die Maske steht für die Unmittelbarkeit des Blicks, für jene Erfahrung, die Sartre zur Grunderfahrung des Für-Andere-Seins macht.

Die Erfahrung des Blickens bzw. des Erblicktwerdens nicht als beliebiges innerweltliches Faktum, sondern als die Dringlichkeit der Gegenwart des Anderen wäre entsprechend das Grundphänomen, von dem her das Verständnis der Maske auszugehen hat. Für Otto liegt es zumindest logisch dem Maskenspiel voraus: »Erst von hier aus müssen wir es verstehen, dass die Maske, die immer ein heiliger Gegenstand war, auch vor das menschliche Gesicht genommen werden konnte, um den erscheinenden Gott oder Geist darzustellen.«[99]

Auch wenn offen bleiben muss, wie es sich mit der historisch-genetischen Seite verhält, so ist doch bezeichnend, dass der vom Spiel abgetrennten Maske eine besondere, vielleicht sogar tiefer liegende Erfahrung zugeordnet werden kann als jener Zusammenfügung im Spiel, die sie in besonderer Weise verlebendigt. Auf jeden Fall sind wir auf einen Zwischenbereich zwischen bildnerischer oder skulpturaler Darstellung und Maskenspiel verwiesen, für den die Erfahrung des Blicks den Ausschlag gibt.

Mit dem Aufweis einer von der Maske hergestellten besonderen Präsenz ist jedoch noch nicht die Frage beantwortet, warum sie allein den Maskengott darstellen soll. Hier kommt der zweite Aspekt der dionysischen Doppeldeutigkeit in Betracht. Dieser Gott steht den Menschen zwar näher als die meisten anderen Götter, aber dennoch entzieht er sich den Sterblichen, er ist von ihnen gleichzeitig durch eine unendliche Distanz getrennt. Die Maske ist der treffendste Ausdruck dieser Doppeldeutigkeit: »Sie ist Symbol und Erscheinung dessen, was da ist und zugleich nicht da ist; unmittelbarste Gegenwart und absolute Abwesenheit in Einem.«[100]

Indem der Ort hinter der Maske leer bleibt, kommt eine Inkommensurabilität ins Spiel – die Verhältnisbestimmung zwischen »Innen« und »Außen« steht in radikalerer Weise zur Disposition als bisher. Bei der Totenmaske wurde die Verhältnisbestimmung ja in Richtung auf bloße Gegenständlichkeit untergraben, wobei am Faktischen des Körpers allerdings ein Nachklang der Belebung erschien, der in seiner Un-greifbarkeit die Gesichtszüge eigentümlich irrealisierte. Ein näherer Anknüpfungspunkt zum hier Gemeinten findet sich im Dionysischen, wie Nietzsche es auffasst, bzw. beim Verhältnis von Maske und Rausch, wie Caillois es beschreibt. Wir kommen zu einem Spiel der Identitäten, zu einer beweglicheren Bestimmung des Selbst bzw. einem rauschhaf-ten Überschreiten, dem die Doppelung von »Innen« und »Außen«, von Wesenskern und Erscheinung abhanden gekommen ist.

Doch auch dies reicht nicht aus. Im kultischen Kontext erfährt das, was dem Alltagsbewusstsein als Berückung, Ekstase, Verwirrung oder Wahnsinn entgegenschlägt, noch eine weitere Aufladung. Die bloße Oberfläche ist nicht mehr Sinnbild für die Reduktion auf das bloß Fak-tische, sie steht nicht mehr allein für die Verschlingungen von Spiel oder Rausch und die ihnen eigentümliche Realitätsebene, sie meint vielmehr den Übergang in ein Inkommensurables, das sich der Zuordnung zum Menschlichen radikaler entzieht. Die Maske steht für den Einschlag des Göttlichen, dem der Mensch nicht mehr auf gleicher Augenhöhe zu folgen vermag. Sie ist nurmehr Statthalter der Andersheit. Unvergleich-bar sind die Partner einer Kommunikation, für deren einen Pol das Innen/Außen-Schema außer Geltung ist: Die Leere hinter der Maske steht für das Überschreiten körpergebundener Ausdrucksverhältnisse, die diesem Schema zugrunde liegen.

Die Maske hat kein Innen, sie erscheint wie ein letzter Abhub, ein Überbleibsel, ein Konzediertes, eine Versinnbildlichung für das, was ganz anders ist. Sie ist reine Oberfläche, der das »Dahinter« abhanden kam, und doch auch Öffnung im Raum, Leerstelle im alltagsprakti-schen Zuordnungsspiel. Und gerade so restituiert sie eine neue Hinter-gründigkeit. Als ein Zurückbleibendes, ein Abbauprodukt der Ver-wandlung, eine verwirrende Freistelle, hebt sie die Schwerkraft auf. Sie restituiert ein Dahinterliegendes, das mit unendlicher Leichtigkeit in den Raum einstrahlen kann. Sie ist Heiterkeit, Ironie des Inkommensu-rablen, stilles Einverständnis mit dem, was sich bedeutet und entzieht in der bedeutungslosen Hülle. Die leere Maske ist reine Hülle, ein Marker für das, was nicht einzuhüllen ist, was sich in äußerster Flüchtigkeit entzieht, was immer schon entschwunden ist, um doch in Allgegenwart zu persistieren. Die leere Maske ist wie ein Gedanke, der sich selbst nicht zu fassen vermag.

Eine besondere Aufhebung des Verhältnisses von »Innen« und »Au-ßen« findet sich auch in einer Akzentuierung des Maskenhaften, wie sie in der hinduistischen Tradition anzutreffen ist. Viele plastische Darstellungen von Göttern zeichnen sich durch entsprechende Züge aus. Ihre Abbildungen in Kunstbänden erscheinen dem westlich geprägten Auge dabei oft übermäßig typisiert, ja manchmal direkt süßlich und kitschig. Doch die Wirkung dieser Figuren verändert sich im Einzugsbereich der kultischen Handlung.

Tragend ist hierfür oft schon die Lichtführung einer Tempelarchitektur, die den Zusammenhang zwischen Innen- und Außenraum akzentuiert. Der von Maueröffnungen und Säulengängen gewährte Sichtbezug zum Außenraum sowie die von einer offenen Architektur erreichte Luftigkeit, der fortbestehende Kontakt mit dem umgebenden Raum – sie bereiten nicht der Abschließung von der Welt, sondern einem modifizierten Bezug zu ihr den Boden.

Das maskenhaft typisierte Götterbildnis wird in dieser Atmosphäre zu einem entscheidenden Vermittlungsmoment. Es handelt sich bei der Typisierung nicht um die eines naiven Votivbildchens. Zwar besteht eine partielle Ähnlichkeit darin, dass der Blick in beiden Fällen gewissermaßen durch das Bild hindurchfällt. Das Objekt bietet keinen Halt, der Betrachter ist auf eine überraschende Art und Weise immer auch schon fertig mit dem Sehen. Eine weitere Ähnlichkeit besteht darin, dass dieses Hindurchfallen – im Gegensatz übrigens zu vielen Objekten der zeitgenössischen arte povera – nicht Klarheit, sondern zunächst eine Art Anästhesie hervorbringt, eine drückende Unfähigkeit des Denkens, gar nicht unähnlich der Betäubung, die aus zu langem Schlaf resultiert.

Die maskenhafte Typisierung belässt den Betrachter jedoch nicht einfach in dieser Betäubung. Es geht bei ihr auch nicht um den Versuch, wie er von zeitgenössischen Künstlern unternommen wird, den Bereich der »Betäubung« durch bestimmte Formen der Typisierung auszuloten, bzw. den Versuch, eine Art Hyperkitsch zu produzieren, der in eine ironische Brechung mündet. Die Typisierung, um die es hier geht, verweigert vielmehr gewollt den Zugang zu einer personalen Fühlungnahme. Das Abbild des Göttlichen verbleibt im durchlichteten und luftdurchzogenen Raum als eine Außenseite, die gerade nicht auf ein »Innen« verweist, die nicht Individuum ist, die sich nicht als Unteilbares der Welt entgegenstellt. Die Figur ist vielmehr reine Maske, in ihr verpuppt sich eine einheitliche Substanz, und zwar so, dass die Verpuppung der Substanz in der Maske als zufälliger Durchgangspunkt erscheint. Das Fehlen der näheren Bestimmung in der typisierten Darstellung ist Herabsetzung der Bestimmtheit, das Aufzeigen der Relativität des Bestimmens, der Verweis auf einen einheitlichen Grund des Werdens und Vergehens.

Die Herabsetzung des Bestimmten wird noch gesteigert durch den Schmuck der Figuren, durch Blumengebinde und den Besatz mit Edelsteinen. Die Heraushebung des Individuellen, die mit einem derartigen Schmuck verbunden ist, verkehrt sich zu einer Feier der Typisierung, die die Relativität der Individuation bezeugt. Für den westlichen Blick hängt deshalb meist auch etwas Morbides an diesem Schmuck. Er meint es mit Totenblumen zu tun zu haben, aber solchen, die nicht ein Bestimmtes, sondern die beständige Aufhebung der Bestimmung im Formwechsel affirmieren.

Heinrich Zimmer hat darauf hingewiesen, dass das, was am Götterbild sichtbar wird, eine Konzeption der Welt im Ganzen und die Rolle der Menschen in ihr betrifft: Jedes Einzelwesen lebt danach »nur einen Augenblick lang in dem großartigen universalen Verwandlungsspiel, in dem lebhaften Maskentreiben ... Was hinter der Maske steckt, ist immer das Gleiche: ›die Quelle‹, ›das Zentrum‹, die anonyme göttliche Lebenskraft, die kein Gesicht hat und doch die Maske aller Gesichter des Lebens trägt.«[101]

Das Gefühl der Betäubung angesichts des Maskenhaften fällt nun genau in den Zusammenhang von Maske und Substanz, und zwar als das Moment, das seinen Gegensatz, die Erkenntnis, indiziert. Die betäubende Leere, die das typisierte Objekt erzeugt, seine Ungreifbarkeit, ist Teil einer »substanziellen« Offenbarung, die ihrerseits Verweis ist auf ein anonymes Wirken. Der Anblick des Maskenhaften nimmt dabei den Übergang vorweg, die Auflösungsbewegung, die der Tod vermittelt. Die Wirkung des Maskenbilds hat wesentlich zu tun mit dem Nicht-Denken-Können der eigenen Endlichkeit. Gerade als Verweis auf sie evoziert es drückende Leere und Taubheit des Denkens.

Die Offenbarung der substanziellen Einheit soll hier jedoch in eine Veränderung des Sehens münden. Der Blick soll nicht mehr einfach leer durch das Objekt hindurchfallen, dessen Leere wird zu einem Vakuum, von dem ein eigentümlicher Sog ausgeht. Der Druck, den es erzeugte, verwandelt sich in Leichtigkeit, ja in einen besonderen Liebreiz, das Gefühl der Betäubung weicht einer Verzauberung angesichts der unvermeidlichen Transformation: »Trost findet der Einzelne nur in dem Wissen, dass in und hinter seinem Untergang das Unzerstörbare liegt, das Kern und Wesen seiner selbst eigentlich ausmacht. Erlöst wird er vom Untergang, wenn er sich eins fühlt nicht mit der Maske, sondern mit deren allesdurchdringender ewiger Substanz.«[102] Das typisierte Objekt wird in der religiösen Erfahrung zu einem Punkt des Durchbruchs und der Verwandlung.

Bisher waren verschiedene Formen des isolierenden Umgangs mit der Maske Thema: Zunächst solche, die sie aus ihrem ursprünglichen Gebrauchskontext versetzten, dann solche, die das Maskenhafte im Gebrauch selbst akzentuierten. Im Modus des isolierenden Umgangs lassen sich noch weitere Eigentümlichkeiten der Maske aufzeigen. Im Vergleich zur Dionysosmaske, die in der Epiphanie ja allein für sich stand, oder der maskenhaften Typisierung in der hinduistischen Tradition gibt es Maskenkulte, die der maskenspielerischen Darstellung näher stehen, ohne dass diese Art der Verlebendigung schon direkt in den Ritus einbezogen würde. Ein Beispiel hierfür findet sich im Maskenkult des Troh-Nachtbundes bei den Bangwa in Kamerun.

Wie die Mitglieder vieler afrikanischer Geheimbünde so üben auch die Mitglieder des Troh-Bundes verschiedene gesellschaftliche Funktionen aus und haben dabei Macht- und Herrschaftspositionen inne. Sie überwachen die soziale Ordnung und gehen gegen Straftäter und Zauberer vor. Die ranghöchsten Mitglieder des Bundes teilen sich mit den Königen der einzelnen Stammesgruppen die Regierungsgewalt. Eine besondere Rolle spielen sie bei der Bestattung der Könige und bei der Einsetzung der Nachfolger.

Als Insignium der Macht besitzt jeder Anführer des Bundes eine doppel- oder mehrgesichtige Maske. Auffällig an ihr sind große, sich tief öffnende Augenhöhlungen. Dass die Maske nicht nur ein bloßes Symbol der Macht sein soll, zeigt ein zentrales Charakteristikum ihres Gebrauchs. Obwohl es sich um eine Aufsatzmaske handelt, wird sie nur auf der Schulter getragen, die Berührung mit dem Kopf wird vermieden. Wir haben es mit einer magisch-kontagiösen Vorstellung wie auch mit einer personalen Zuordnung einer entsprechenden Macht zu tun – der Besitzer ist durch die Maske ausgezeichnet und gefährdet zugleich. Er ist belehnt mit Wirkkräften, die mit der Maske verbunden sind, ohne dass er sich diese umstandslos einverleiben könnte. Beim Umgang mit der Maske unterliegt auch er gewissen Regeln.

Die Auszeichnung durch den Maskenbesitz, die sehr häufig anzutreffen ist – beispielsweise auch bei der Swaihé-Maske der Salish, auf die noch näher einzugehen sein wird – impliziert für die anderen Individuen einer Gruppe, eines Bundes oder Stammes eine Ausschließung. Dem von der Maske vermittelten Zugang zur magischen Macht entsprechen soziale Grenzziehungen.

Auch Geschlechterbeziehungen werden durch den Maskenbesitz codiert. Während Besessenheitskulte in den traditionellen Gesellschaften von Angehörigen beider Geschlechter praktiziert werden, sind die

Abb. 7: Maske des Troh-Geheimbundes der Bangwa, Kamerun

Masken ganz überwiegend Männersache. Nur wenige Ausnahmen von der Regel – etwa die Maskenpraktiken des Sande-Frauenbunds – sind hier zu vermerken. Die Maske und die Besessenheit, sofern sie Stammes- und Ahnengeister betrifft, scheint traditionelle Verhältnisse und vor allem die Vormachtstellung von Männern darin zu festigen.[103]

Die von der Maske abgeleitete Macht realisiert sich in vielen Tabus. Den Bestimmungen des Besitzes und Gebrauchs entsprechen dabei Ausschlussregeln. Sie betreffen neben der Gruppe der Frauen die Kinder, die in einen Kult oder einen bestimmten Grad des Kults nicht eingeweihten Männer und natürlich die Angehörigen von anderen Gruppen und Ethnien. Der Maskenbesitz und der Ausschluss vom Maskenbesitz sind oft grundlegende Bestimmungsmerkmale von sozialen Gruppen und Hierarchien.

Zur praktischen Bestimmung des Ausschlusses bzw. der Zugehörigkeit sind unterschiedlichste Verfahren gebräuchlich. Die markantesten Einschlussprozeduren finden sich in den Initiationsriten. Die Ausschlussverfahren reichen von der Zuweisung untergeordneter Rollen bei den Ritualen bis hin zum Verbot, die Masken überhaupt zu Gesicht zu bekommen.

Masken sind aber nicht nur mögliche Objekte von Regelverletzungen, diese werden oft auch von Maskenwesen geahndet. Umfassende Kontroll- und Strafmaßnahmen sind direkt Teil des Maskengebrauchs. Sie reichen von der spielerischen Kritik bis zur Todesdrohung, wobei unterschiedlichste Maskentechniken zum Einsatz kommen, indirekte Verfahren, Beschwörungen, die auf Distanz wirken sollen, kontagiöse und sympathetische Verfahren, bis hin zur direkten Ausübung der Strafgewalt im Maskenritual.

Die Isolierung der Masken und ihr Einsatz in besonderen Momenten des sozialen Lebens verstärkt wiederum die Aura der Macht, die sie umgibt. Dabei werden durchaus auch Techniken der Dosierung wirksam – der Maskeneinsatz markiert die Ausnahmesituation, eine besondere Steigerung im magischen Wirklichkeitskontakt.

Der besonderen Stellung der Masken im sozialen Leben entspricht schließlich auch ihre Aufbewahrung jenseits des Gebrauchs. Oft sind ihnen heilige Haine und besondere Hütten zugewiesen, die die Gerätschaften des Rituals beherbergen. Der Aufbewahrungsort wird meist auch besonders bewacht, wobei wiederum Verbote der Annäherung wirksam sind.

Andererseits wird aber auch immer wieder eine bestimmte Achtlosigkeit gegenüber den vom Ritual isolierten Masken beschrieben. So wird ihrer Zerstörung oder dem Diebstahl durch fremde Gruppen oft nicht das erwartete Gewicht beigemessen. Solche Beobachtungen verweisen darauf, dass die Macht der Masken hier vor allem von den besonderen Handlungen und Kontexten, die sie im Ritual magisch verlebendigen, abgeleitet wird.

Masken im Ritus

Die magisch-rituellen Masken sind Teil einer dem säkularisierten Denken nur noch schwer zugänglichen Wirklichkeitserfahrung. Trotz der suggestiven Wirkung ihres Ausdrucks binden sie den heutigen Betrachter nur noch sehr eingeschränkt in das Netz magischer Verweise ein, das sie gegenüber den Angehörigen traditioneller Gesellschaften geltend machen. Dennoch führen bestimmte Arten der Anverwandlung, Inszenierungen oder momentane Wirkungen auf Erfahrungen, die in besonderer Weise Anknüpfungspunkte schaffen. Entsprechend sind die Masken auch dazu prädestiniert, eine Brückenfunktion zu erfüllen. Im Wechselspiel von Alterität und Vertrautheit werden sie zum Vermittlungsglied eines interkulturellen und historischen Verstehens, das mit seinen Verweisen auf einen fremden Wirklichkeitsbezug nicht zuletzt auch die Besonderheiten des eigenen offenbart.

Die Verweise der Masken auf das magische Weltverhältnis sollen zunächst in ihrem Spannungsbezug zu den Aspekten des instrumentell-technischen und des spielerischen Handelns allgemeiner umrissen werden. Aus der Fülle der magischen Praktiken und Anschauungen, die an unterschiedlichen Orten und zu unterschiedlichen Zeiten wirksam waren, treten dabei einige Züge hervor, die zumindest ansatzweise eine Charakterisierung des Gesamtkomplexes erlauben.

Grundlegend für das magische Weltverhältnis ist die Annahme bestimmter *persönlicher und unpersönlicher* Kräfte und Vermögen. Dinge, natürliche und übernatürliche Wesen oder Fluida kommen als Träger in Betracht, ohne dass die Übergänge immer streng zu fassen wären, die Grenzen zwischen den magischen Instanzen sind oft fließend.

Die Vermögen, über die sie verfügen, oder die Kraftströme, die von ihnen ausgehen, ermöglichen geheimnisvolle Beziehungen mit anderen Dingen, Wesen oder Aspekten. Für die Bezüge, die sich dabei ergeben, sind *Ordnungsverhältnisse* des Teils und des Ganzen sowie der Berührung und Hervorbringung von besonderem Belang. Für eine Person kann eines ihrer Kleidungsstücke, ein Zahn, eine Haarsträhne oder eine Ausscheidung stehen. Auch vermitteltere Abbildungsverhältnisse werden wirksam, etwa Darstellungen von Dingen und Wesen oder von bestimmten Eigenschaften und Fähigkeiten, die ihnen zukommen sollen.

Das berührende oder repräsentierende Objekt ist auf die berührten oder repräsentierten Dinge und Wesen im Sinne eines Wirkens und Leidens bezogen. Es kann deren Kräfte und Eigenschaften aufspeichern oder aktualisieren, sodass sie sich von ihm her weiter mitteilen oder eine besondere Rückwirkung auf sie möglich wird. Die Wirkverhältnisse, die dabei zum Tragen kommen, werden als besondere Arten der *Übertragung* gedacht, entweder nach Art einer Medikation oder Vergiftung, in der sich bestimmte materielle Eigenschaften direkt mitteilen, oder als symbolhafter Verweisungsbezug.

Eine wichtige Rolle spielen bestimmte Formen der Abstraktion und der Ausrichtung. Nicht jede Eigenschaft oder Wirkfähigkeit wird übertragen, nicht jedes Objekt wird affiziert. Magische Riten sind wesentlich Praxen der Aktualisierung und Steuerung eines Kräftestroms.

Das Ritual dient positiv der gerichteten Aktualisierung. In peniblen Prozeduren werden magische Mittel hergestellt und verwendet, wobei die Aktualisierung und Ausrichtung oft durch besondere Formen der Konzentration oder durch Ekstasetechniken erfolgt. Negativ soll die ungerichtete und schädliche Freisetzung von Potenzialen verhindert werden, entsprechend ist das Tabu ein konstitutiver Bestandteil der Magie.

Für die Wirkrichtung entscheidend sind Gesetze des Kontrastes und der Sympathie im Rahmen der schon angeführten Ordnungsprinzipien. Grundsätzlich soll Ähnliches auf Ähnliches wirken, wobei Ähnlichkeit und Wirkrichtung näher zu bestimmen sind. Ähnlichkeit kann auch sehr entfernte Anähnelungen umfassen, sogar solche, die kaum mehr nachzuvollziehen sind und für deren Geltung nur noch die Tradition einsteht.

Die Wirkrichtung ist von Ritual zu Ritual verschieden. Sie kann gewünschte oder ungewünschte Eigenschaften betreffen, auf die bestimmte Ingredienzien, Beschwörungsformeln und Praktiken gleichermaßen bezogen werden: Ähnliches kann Ähnliches hervorbringen oder auch vertreiben. So soll ein Ritus, bei dem Wasser Verwendung findet, von der Wassersucht heilen, ein anderer aber den gewünschten Regen herbeiführen.[104]

Die magische Wirklichkeit kontrastiert augenfällig mit dem wissenschaftlich-technisch bestimmten Weltbezug. Zwar verfügen die traditionellen Gesellschaften über z. T. sehr entwickelte Techniken und Instrumente der materiellen Reproduktion, doch die entzauberte Welt bloßer instrumenteller Machbarkeit ist ihnen fremd. Das Handeln erfordert Rücksichtnahmen, die aus moderner Sicht nur wenig zur Realisation des Handlungsziels beitragen.

Eine Frage ist, wie das Technisch-Instrumentelle und das Magische sich in diesen Gesellschaften zueinander verhalten. In der Ethnologie und Anthropologie sind hierzu sehr unterschiedliche Positionen vertreten worden. Einmal wurde angenommen, dass das magische Weltverhältnis alles Denken und Handeln in einer Weise durchdringt, die für einen abgetrennten, relativ selbstständigen technisch-instrumentellen Bereich keinen Platz mehr lässt. Nicht das Rudern bewegt das Boot in die vorgesehene Richtung, sondern ein Dämon, den diese Tätigkeit herbeizitiert. Kein Geschehen geht auf in bloßer Kausalität, jedes Handeln ist mehr als nur die Organisation von Kausalreihen.

Die Gegenposition konzediert zwar fließende Übergänge, besteht jedoch darauf, dass neben dem Magischen eigenständige »profane«

Handlungsbereiche und -sequenzen auszumachen sind. Für Bronislaw Malinowski, der diese Ansicht vor allem gegen Lévy-Bruhl vertrat, sind der »Komplex der wohlbekannten Umstände, der natürliche Verlauf des Wachstums und die gewöhnlichen Mißgeschicke und Gefahren«[105] dieser Seite zuzuschlagen. Hier ist empirisches Wissen und rationales Handeln nötig und kommt auch regelmäßig zum Einsatz. Der Magie weist Malinowski dagegen die unberechenbaren Gefahren zu, den Umgang mit dem Zufall oder die besondere Betroffenheit von einem Unglück. Sie übernehme eine Art Ausfallbürgschaft in Zusammenhängen, die sich der instrumentell-technischen Kontrolle entziehen.

Die Art und die Intensität der Durchdringung von magischen und nicht magischen Handlungsanteilen in traditionellen Gesellschaften ist zwischen einzelnen Ethnien, Gruppen, Clans, Familien und Individuen insgesamt sehr unterschiedlich und differenziert sich nach den jeweils besonderen Handlungskontexten noch weiter aus. Mit Hilfe der angeführten Positionen ließen sich entsprechend verschiedene Weisen und Intensitäten der Durchdringung in einem Kontinuum von möglichen Verbindungen beider Aspekte beschreiben.

Darüber hinaus ist jedoch auch zu bedenken, dass das technisch-instrumentelle Weltverhältnis der Moderne selbst die Perspektive auf die traditionellen Gesellschaften mitprägt: Unsere Denk- und Handlungsweisen, die aus einer Entzauberungsbewegung hervorgegangen sind, werden zu Mitteln einer Grenzziehung, durch die der Unterschied zwischen Magischem und Instrumentell-Technischem ein besonderes Gewicht erhält – entweder als Unterscheidung, die in den traditionellen Gesellschaften selbst aufgesucht wird und die hinsichtlich der profanen Seite Kontinuitäten kenntlich macht, oder aber als eine, die uns von diesen Gesellschaften abhebt, indem sie das Unvergleichbare akzentuiert.

Nach beiden Seiten hin besteht so die Gefahr einer Mythisierung. Nach der Seite der Kontinuität kann sie auftreten als ein Objektivitätspostulat, das die Perspektivität der eigenen Position übersieht. Dies muss nicht, kann aber bis zur Unterstellung führen, das instrumentell-technisch geprägte Weltverhältnis der Moderne sei das letztgültige, alles andere lediglich eine Vor- oder Nebenform.

Andererseits lassen sich die technisch-instrumentellen Notwendigkeiten der Naturauseinandersetzung auch nicht einfach überspringen. So wenig wie der Weltbezug im bloß Spielerisch-Interpretativen und Darstellerischen aufgeht, so wenig kann eine Gesellschaft ausschließlich auf magische Praktiken vertrauen. Auch wenn die Erfordernisse der

Reproduktion immer nur innerhalb unserer Deutungshorizonte und -perspektiven in Erscheinung treten, sind sie nicht auf diese zu reduzieren. Die Gegenpositionen implizieren ein Spannungsverhältnis, das nicht einseitig aufgelöst werden darf, keiner der hervorgehobenen Aspekte darf übergangen werden.

Der Verweis auf das Spiel und seine Theatralität kann das Verständnis der magischen Weltsicht und insbesondere das Verständnis des Maskengebrauchs in diesem Kontext jedoch einen Schritt voranbringen. Es steht mit seiner Fiktivität jenseits des profanen Alltags, ohne direkt mit dem Magischen zusammenzufallen. Gleichzeitig greift es auf beide Seiten über. Es lässt sich als eine Zwischenebene beschreiben, die sowohl die instrumentell-technische wie auch die magische Seite durchdringt und dabei Transformationsfunktionen übernimmt.

Schon mit Blick auf funktionelle Notwendigkeiten erweist es sich als eingelassen in einen sachlich-technischen Handlungsrahmen. Für die Maskenspiele gilt dies in besonderer Weise. Hochspezialisierte Handwerker stellen die Masken her, Sponsoren und Zeremonienmeister treten in Erscheinung, spezialisierte Spieler reisen an, die Vorbereitungen nehmen lange Zeiträume in Anspruch. Andererseits können die das Spiel vorbereitenden und lenkenden Prozeduren selbst rituellen Charakter annehmen und dabei Logiken unterworfen sein, die unmittelbar der magischen Zwecksetzung folgen.

Vor allem aber im theatralischen Spiel selbst sind Vermittlungen zwischen den verschiedenen Ebenen auszumachen. Sie treten häufig als *Übergänge zwischen dem Spielerischen und dem Rituellen* in Erscheinung, wobei die spielerische Seite sich – etwa in humoristischen und satirischen Einlagen – auf die Verhältnisse der Alltagswirklichkeit zurückbezieht, während schon im nächsten Moment ekstatische Sequenzen den magischen Weltkontakt akzentuieren.

Es wäre also falsch, die verschiedenen Bereiche einander schroff entgegenzustellen – wie ja auch der uns geläufige Alltagssynkretismus oft quer zu den wohl umrissenen Weltbildern steht. Statt von einem durchgängigen und lückenlosen Überwechseln ist eher von koexistierenden Perspektiven auszugehen, in deren Kontext besonders intensivierte Abläufe für das magische Weltverhältnis stehen.

Die Doppeldeutigkeit, die dem theatralischen Geschehen dabei zukommt, lässt sich mit der Unterscheidung zwischen gespieltem und gelebtem Theater beschreiben, wie Michel Leiris sie bei der Untersuchung eines äthiopischen Besessenheitskults entwickelt hat. Beiden theatralischen Formen sind Spielelemente eigentümlich, in der letzteren verliert jedoch die Berechnung der Kunstgriffe und der Versuch, einem Publikum zu imponieren, deutlich an Gewicht, während zugleich die magische Epiphanie für alle Beteiligten außer Zweifel steht.[106]

Das Spiel und die theatralische Berechnung erscheinen allenfalls als Vehikel einer magisch gesteigerten Wirklichkeit. Sie dienen der Einstimmung und der Vorbereitung des ekstatischen Moments, einer Erfahrung, in der die Logik des Spiels übergeht in den Selbstlauf des magischen Geschehens. Das Spiel vermittelt in einer Spanne zwischen momenthaften Entrückungen des einzelnen Adepten bis zu kollektiven Paroxysmen die schubhaften Aufschwünge hin zur angestrebten Erfahrung.

Vor dem Hintergrund dieser allgemeineren Erwägungen dürfte leicht nachvollziehbar sein, dass den Masken im magischen Kontext auch eine katalysatorische Funktion zukommt. Im rituellen Gebrauch aktualisieren sie jene Kräfte und Wesen, die für das magische Weltverhältnis bestimmend sind. Dem entsprechend sind viele Riten um sie als ihren Mittelpunkt organisiert. Die Maske bringt Grunderfahrungen dieser Weltsicht zum Ausdruck und verlebendigt und konzentriert sie in einer rituellen Form des Spiels.

Das besondere Verhältnis von Spiel, Magie und »wirklicher« Realität, das hier zustande kommt, gibt auch dem Verhältnis von Darstellen und Verhüllen eine besondere Form. Vieles von dem, was bereits bei den Masken des Alltags oder des Spiels zu beobachten war, wird dabei variiert und dem Einschlag der magischen Realität entsprechend intensiviert.

Oben war eine Verbindung von Maske und Spieler Thema, wie sie manchmal in Schreckmomenten erfahrbar ist. Während wir dieser Erfahrung jedoch mit dem Versuch entgegenwirken, das gewohnte Bild der »wirklichen« Realität wiederherzustellen, bzw. mit dem Versuch, sie einer Spielwelt zuschlagen, einer Wirklichkeit unter Vorbehalt, zielt der magisch-rituelle Maskengebrauch gerade darauf, dasjenige zu befestigen und zu bestärken, was der säkularisierten Denkweise als unannehmbar erscheint. Was sie verstört, steht hier gerade für den höchsten Wirklichkeitsbezug, in dem sich aus der Sicht der magischen Intensivierung das Überschreiten eines verminderten oder auch nur beiläufigen Realitätsausschnitts vollzieht. Alle Begleitumstände sind auf die Möglichkeit dieser Erfahrung hin angelegt, alles Tun soll ihr zusätzlichen Nachdruck verleihen.

Auch hierauf lässt sich der Unterschied zwischen gespieltem und gelebtem Theater abbilden. Er drückt sich dann darin aus, dass der

Spieler im Maskenritus nicht nur eine Rolle übernimmt, die das Spiel für ihn vorsieht, sondern mit der Maskengestalt verschmelzen soll, mit der Gottheit, dem Dämonen, dem Natur- oder Ahnengeist, den die Maske darstellt. Es geht nicht mehr nur um die Ebene eines Spiels, das eine profane Wirklichkeit überschreitet, sondern um eine »höhere Wirklichkeit«, die sich des Theatralischen als Einkleidung und Vollzugsform bedient. Dieser Übergang ist es, den das Spiel anstrebt, um als Spiel darin selbst überschritten zu werden.

Der Index des »eigentlich Wirklichen« verweist hierdurch nicht mehr auf eine dem Spiel unterliegende technisch-instrumentelle Wirksphäre, wie es für unsere rationalisierte Welt charakteristisch ist, sondern auf das Magische als eine das Technische und Spielerische umgreifende Realität. Darstellung und Verhüllung werden zu Momenten des Überstiegs. Die Maske erscheint als Instrument einer Metamorphose, durch die der Spieler sich dem magischen Strom übergibt und dessen Kraft inkorporiert.

Doch auch das Inkorporieren des Magischen im Verschmelzen von Spieler und Maskengestalt entzieht sich der eindeutigen Bestimmung. Vielmehr verlängern sich die Doppeldeutigkeiten, die auch an den theatralischen Formen des Besessenheitskults auszumachen sind, ein weiteres Mal. Hier wie dort stellt sich die Frage nach der Durchlässigkeit verschiedener Bewusstseinszustände füreinander.

Leiris verweist auf Berichte, wonach die Besessenen sich an die Vorgänge im Augenblick der Besessenheit nicht erinnern können. Andererseits überrascht das oft termingerechte Eintreten entsprechender Zustände. Auch berichtet Leiris von einem Fall, in dem eine Person für Vorgänge in der Zeit ihrer Besessenheitsabsenzen zumindest mit verantwortlich gemacht wird.

Entsprechende Informationen lassen sich sehr unterschiedlich deuten. Es scheint möglich, dass der rituell Agierende während des Rituals zu einem anderen Wesen wird – oder dies zumindest im Nachhinein so empfindet; es kann eine Form der Täuschung vorliegen, der eine besondere Form des Selbsttäuschung zugrunde liegt; es kann sich schlichtweg um Betrug handeln; schließlich ist eine Art Verbindung zweier »Personalitäten« denkbar, wobei ein Verhältnis der Beherrschung und Unterordnung zum Tragen kommt, das eine bestimmte Art von Getrenntheit und Zusammenhang realisiert.

Die stärkste von einer nicht-magischen Weltsicht zugestandene Deutungsvariante wäre wohl die einer autosuggestiven oder halluzinatorischen Erfahrungssequenz, deren – eventuell durch kollektive Prozesse verstärkte – Spontaneität und Eigendynamik für die Wirklichkeit des Magischen einstehen soll. Eine solche Deutungsvariante hat den Vorteil, dass sie die besonderen Intensitäten der entsprechenden Erfahrungen nicht ableugnen muss.

Doch auch hier ist ähnlich wie bei den unterschiedlichen Wirklichkeitsvorstellungen zu bedenken, dass unsere Sichtweise nicht einfach übertragen werden darf, wenn mehr dabei herauskommen soll als deren uneingestandene Explikation am fremden Objekt. Denn wie schon die Aufteilung der Welt in Wirklichkeitssektoren so ist auch die Aufteilung und Verhältnisbestimmung der psychischen Instanzen und Zustände eine durchaus historische Angelegenheit. Gefühlswelt, Bild- und Sprachbewusstsein, Wachzustand, Tiefschlaf, Halluzination, Traum und Ekstase müssen nicht notwendig in der Weise voneinander abgehoben erscheinen, wie sich uns dies darstellt. Wo wir qualitative Unterschiede machen, werden in anderen Kulturen nur graduelle Differenzen unterstellt, die der westlich-modernen Kultur eigentümliche rationale Selbst- und Weltkontrolle erscheint außer Kraft gesetzt, eine Durchlässigkeit der psychischen Instanzen für in unserer Kultur abgedrängte Zustände erscheint als Ideal.

Dabei werden die Präferenzen mitunter vollständig umgekehrt, traumartige, ekstatische, psychotische oder epileptische Zustände gelten als bevorzugte Weisen des Wirklichkeitskontakts. Andere und machtvollere Welten und Wirkzusammenhänge erscheinen in ihnen als dem klaren Wachbewusstsein unzugängliche, seiner Wirklichkeit aber vorgeordnete Realitäten. Der Vorgang ließe sich kontrastiv als implizite Setzung einer »Seinsthesis« beschreiben: Etwas, das unsere alltägliche Welteinstellung dem Bereich des Phantastischen und Imaginären zuordnet, dessen Sein begrenzt wird auf spontane Akte unseres Vorstellungsvermögen, auf nur Imaginiertes, Geträumtes oder Vorgespiegeltes, erscheint als objektiv real, als ein Gegebenes, dem Sein zukommt auch unabhängig von unserer Vorstellungskraft.

Entsprechend verschiebt sich die dem psychischen Vorgang implizite Deutung weg von dem, was als Vorstellung oder Projektion betrachtet wird, hin zur Wahrnehmung. Nicht eine innere Instanz hält im Sein, was hier erscheint, sondern eine äußere, unabhängige Wirkkraft scheint sich darin bemerkbar zu machen. In der magischen Weltsicht verschiebt sich die Unterscheidung zwischen Wahrnehmung und Imagination, ja, die Trennung dieser Instanzen, auf der die uns vertraute Weltsicht beruht, erscheint in gewisser Weise hinfällig. Das, was wir der Vorstellungskraft zuschreiben, erscheint als Gegenstand eines besonderen Wahrnehmungsvorgangs, der eher in eine Kontinuität mit anderen Wahrnehmungsvorgängen gestellt als von ihnen unterschieden wird.

Natürlich ist es so, dass sich auch in der rationalisierten Weltsicht Wahrnehmung und Imagination wechselseitig durchdringen. Jeder Wahrnehmungsakt ist schon eine Organisation der Sinneseindrücke gemäß den kulturhistorisch und individuell bestimmten Deutungsschemata, in Auswahl und Verbindung manifestiert sich ein projektives Moment. Es ist wohl die Kehrseite eines Alltagsdenkens, das meint, es über diese Deutungshorizonte hinweg direkt mit einem Faktisch-Gegenständlichen zu tun zu haben, dem sich ein scharf abgegrenzter Bereich des Imaginären und Vorgestellten entgegensetzen lässt, ein Bereich, dem die Faktizität des Gegenständlichen abgeht, dem Träume und Wunschbilder zugehören, die ohne Wirklichkeit sind. Wir haben es hier mit konstitutiven Momenten der modernen Subjektivität zu tun, mit einer Art der Ich-Integration, für die eben diese Art der Grenzziehung zwischen »innerer« und »äußerer« Welt charakteristisch ist.

Vor dem Hintergrund solcher Überlegungen wird vielleicht auch der Vorgang des Verschmelzens von Spieler und Maske im Maskenritus verständlicher. Die Verbindung, um die es hier geht, erfolgt nicht vor dem Hintergrund der scharfen Trennungen zwischen Imaginärem und »Realem«, zwischen Subjekt und Objekt, Individuum und Kollektiv oder Lebendigem und Totem, so wie wir sie kennen. Sie zielt auch nicht auf die Fixierung solcher Dualismen – oder tut dies allenfalls im Zuge eines im rituellen Geschehen eingelassenen Konfliktgeschehens – sie ist vielmehr primär auf eine erhöhte Durchlässigkeit gerichtet, eine Art der Kommunikation, in der die Vorstellungsgehalte und das synästhetische Gesamt der rituellen Situation wesentlich auch Trennungen überwinden will, die der Aneignung magischer Macht entgegenlaufen.

Die Verbindung mit dem als Maske dargestellten Wesen, das Eintreten in das Einzugsgebiet seiner Macht oder die Inkorporation seiner Kraft stellen wesentlich solche Grenzüberschreitungen dar. Der Selbstlauf, die Spontaneität, mit der der Vorgang sich weiterspinnt, erscheint als Indiz der Übereinstimmung. Die magischen Kräfte werden dabei nicht nur mobilisiert, sondern auch eingehegt und kontrolliert, wobei wiederum Gesetze der Ähnlichkeit und des Kontrastes wirksam sind. Die Angleichung kann so Wirkungen zeitigen, die in ganz unterschiedliche Richtungen gehen.

Wenden wir uns zunächst der Inkorporation des Magischen zu. Deren Weisen sind in der Maske selbst und in den sie betreffenden Traditionen und Vorschriften weitgehend festgelegt. Zunächst implizieren die Masken und die sie betreffenden Traditionen weitere Bekleidungsvorschriften. Der Spieler verbirgt nicht nur sein Gesicht hinter der Maske, sondern den ganzen Körper hinter außergewöhnlichen Kostümen, von denen wir heute oft nur noch sehr unvollständige Vorstellungen haben. So hat etwa Frobenius in Überlegungen zur Entwicklung der Maskenformen[107] auf die Ähnlichkeit von bestimmten Kostümen eines afrikanischen Stammes mit garbenförmigen, kleinen Strohhütten aufmerksam gemacht, die neben den Wohnhütten lagen und den Geistern zugewiesen waren. Der Spieler schlüpfte gewissermaßen in die Behausung der Geister, die im Umfeld stets präsent war und im Ritus als eine Körperaußenseite der Geistererscheinung belebt und bewegt wurde.

Was es mit der Parallele auch auf sich haben mag, sie verdeutlicht zumindest eine Weise, in der neben der Maske noch andere bedeutsame Objekte in Betracht zu ziehen sind. Vermittelt durch die Kostümierung wäre im gegebenen Fall von einer wechselseitigen Signifikation auszugehen. Der Maskenritus und die rituelle Räumlichkeit verweisen aufeinander, wobei der Ritus den Sinngehalt des Objekts integriert und ihn in einer Weise auflädt, die an ihm auch über das unmittelbare rituelle Geschehen hinaus haften bleibt.

Von besonderer Bedeutung sind die von den Masken und den rituellen Traditionen vorgezeichneten *Bewegungsabläufe*. Der Zusammenhang mit den Masken erscheint oft sehr augenfällig, wenn diese Tierdarstellungen zum Gegenstand haben. Typische Haltungen und Bewegungen der entsprechenden Tiere finden sich dann auch regelmäßig im Maskenspiel. Oft ist die Übernahme der Bewegung Teil einer mimetischen Übung, die Jagderfolge sichern soll. Entsprechendes gilt auch für Tierlaute.

Von besonderem Gewicht für die Inkorporation des Magischen im Feld des Auditiven ist die *Rhythmik*, die, indem sie die Bewegungsabläufe unterfängt, Raum und Zeit koordiniert. Die zeitliche Gliederung durch die rhythmischen Impulse wird zum Muster der räumlichen Bewegung, der Schrittfolgen und Körperdrehungen – oft mit besonderer Affinität zum Ekstatischen.

Interessant ist hier auch, wie das Rhythmisch-Monotone und die Starre des Maskenausdrucks zusammenspielen. So wie der sich auf den Rhythmus einschwingende Körper immer die gleichen Bewegungen ausführt, so behält auch die Maske ihren Ausdruck bei. Die Gleichförmigkeit der Bewegung kulminiert in einer Spontaneität des Ablaufs, der wiederum die Wahrnehmungsschwellen für den magischen Gehalt des Maskenausdrucks herabzusetzen scheint. Die Bewegung der Maske trägt der Wahrnehmung schubhaft ihren Ausdruck an, wobei die magische Verschmelzung sich oft im Koinzidieren der Bewegung von Maske und Körper realisiert.

Maskentänze können jedoch auch aus hoch komplexen Bewegungsabläufen bestehen. Esther A. Dagan beschreibt Tänze eines spezialisierten Spielers, die bei einem mehrtägigen Maskenritual der Senufos in Westafrika regelmäßig die Höhepunkte bildeten: »With no dialogue, he provided the tragic climax by sophisticated body movement alone. Like all tragic heros he expressed the whole range of human conflict, struggle, agony, crisis and death. By losing consciousness at the end of the first dance he ›died‹, and by rising to begin his second dance he was ›reborn‹.«[108]

Ein weiteres Moment sind die atmosphärischen Gegebenheiten des Maskenrituals, vor allem die besonderen Zeiten und Orte der Darbietung. Von großer Wirksamkeit sind natürlich nächtliche Rituale, wenn mit der klaren Ausgrenzbarkeit der Dinge im Feld des Sichtbaren der »Realismus« des hellen Tages abklingt und die Masken sich im Schein des Feuers beleben. Auch die Wirkung besonderer Orte und bestimmter Kultstätten ist zu bedenken oder auch die Nähe eines von den Menschen weitgehend unbeherrschten Naturbereichs – für viele Gesellschaften mit ausgeprägten Maskenritualen sind Siedlungsorte in Waldgebieten charakteristisch.

Insgesamt entsteht so das, was Hubert und Mauss als »magisches Milieu« bezeichnen: Die Zeremonie »spielt sich in einem speziellen Milieu ab, das aus allen in ihr enthaltenen Bedingungen und Formen gebildet wird [...] Alles, was einbezogen wird, ist von derselben Natur oder nimmt dieselbe Natur an. Der allgemeine Tenor der Gebärden und Worte ist davon affiziert.«[109] Im Ritus selbst lassen die Gegebenheiten und Handlungen einen atmosphärischen Gesamteindruck entstehen, der im weiteren Vollzug des Ritus tragend wird.

Dabei handelt es sich wieder um die Zirkularität einer sich auf ihr Wahrnehmungsfeld einstimmenden Wahrnehmung. Hier führt sie in das Netz magischer Verweise bzw. akzentuiert deren Gehalt. Im magischen Milieu nimmt alles eine magische Bedeutung an und verweist entsprechend aufeinander. Das Magische ist das Zusammenschießen der Dinge und Handlungen auf den einen Grundsinn hin, der sich dann in allem widerspiegelt. Dem Erfahrungsgehalt nach zeigt es sich wesentlich in schubhaften Verdichtungen, in Momenten einer Fokussierung, die die bestimmende und alles durchziehende Kraft evident machen.

Für diese Art der Verdichtung ist der Blick der Maske wiederum von besonderer Bedeutung. Er imprägniert die Dinge, auf die er fällt, mit magischem Sinn und verweist gleichzeitig zurück auf seinen Ausgangspunkt, auf das Maskenwesen als Wirkquelle und Zentrum des Geschehens.

Der Blick der Maske ist zunächst Ausströmung, bei jeder Bewegung bannt er, was er trifft, wie in einen Scheinwerferstrahl. Die Erfahrung des Blickens und Erblicktwerdens, die sonst wie kaum ein anderer Vorgang die wechselseitige Anwesenheit der Bewusstseine füreinander verdeutlicht, wird hier zum entscheidenden Datum des magischen Wirklichkeitskontakts. Der Blick ist Kraftmitteilung – und ist es in gesteigertem Maß, wo ein Blickkontakt vorliegt. Hier stehen das Bewusstsein des Erblickten und das Bewusstseinsartige des Maskenwesens in direktem Bezug, die zuträgliche oder zerstörerische Kraft des Magischen überträgt sich unmittelbar.

Ist der Erblickte dabei nicht seinerseits mit einer Maske angetan, so ist ein Machtunterschied hier nicht nur wahrscheinlich, er wird in der Regel sogar einschneidend sein, steht das Maskenwesen doch für das magische Potenzial, das von ihm her den unmaskiert Erblickten erreicht.

Der Blickrichtung entspricht auch ein Feld der körperlichen Zu- und Abkehr, was seinerseits einen Intensitätsunterschied markiert. Es ist etwas anderes, ob das Maskenwesen den Rücken oder die Frontpartie zeigt. Eine besondere Dringlichkeit kennzeichnet auch den Bezug zu seinem direkten körperlichen Einzugsgebiet. Denn nicht nur sein Blick ist machtvoll, auch seine sonstigen Eingriffsmöglichkeiten und vor allem der Körperkontakt mit ihm sind es.

Den Intensitätsunterschied der Zu- und Abkehr bezeugen zwei- oder mehrgesichtige Masken, indem sie ihn konterkarieren. Die Maskengesichter zeigen in verschiedene Richtungen, es soll nicht mehr nur eine Blickrichtung, eine Seite der Zukehr geben, nichts soll sich im Rücken des Maskenwesens befinden, nichts soll seiner Kontrolle entgehen. Das Maskenwesen reklamiert eine Rundumsicht, es ist Zentrum eines gleichzeitigen magischen Verströmens nach allen Seiten hin, es ist Beherrschung des ganzen umgebenden Raums.

Die rituelle Maske in der unmittelbaren Blickbeziehung oder der körperlichen Zukehr des Maskenwesens ist vor allem Ausströmung von magischer Kraft. Das, was die Maske damit akzentuiert oder sogar erst in Umlauf setzt, zirkuliert fortan im magischen Milieu. Die Dinge beziehen sich darin so aufeinander, wie der Blick es ihnen mitgeteilt hat. Die Maske ist für dieses Milieu gleichermaßen Quellpunkt und Verbindungsinstanz. Sie lädt die Welt mit magischem Sinn auf und wird zu ihrem Kohäsionsmoment. Das, was sich von ihr her mitteilt, bestimmt nun auch die Verweise der Dinge aufeinander; sie schießen zusammen, haben Anteil an der Qualität, von der alles im magischen Milieu durchzogen wird. Die Maske stiftet auch die Querbezüge im Umlauf der magischen Verweise.

Die Herstellung des magischen Milieus erfolgt in der Aufhebung oder Verschiebung von Grenzen und Trennungen. Zunächst wurde ja das Verschmelzen des Spielers mit der Maskengestalt angesprochen. Dieses Verschmelzen impliziert zweitens das Überschreiten des Spiels hin zur magischen Realität. Die Dualität Spieler/Maske soll ja nicht nur auf die fiktive Einheit einer Rolle im Maskenspiel hin überschritten werden, sondern »real«: Das Maskenwesen wird zur Verkörperung eines Wesens der magischen Welt, der Spieler leiht ihm seinen Körper. Diesem Übergang entspricht wiederum das Entstehen des magischen Milieus und die Akzentuierung seiner Eigentümlichkeiten – ein In-Beziehung-Setzen der Dinge oder ihr Zusammengehen, eine Relativierung der Grenzen im magischen Kräftestrom.

Im Weiteren ist nun eine besondere Art des Zusammengehens für die beteiligten Akteure zu konstatieren. Sie deutet sich schon darin an, dass in vielen Maskenritualen die Übergänge zwischen Akteuren und Zuschauern fließend sind. Die entsprechenden Zuweisungen sind nicht wie in unseren Theatern fixiert, die Zuschauer werden vielmehr spontan zu Mitspielern. Doch geht es auch hier nicht nur um den Einbezug in die fiktive Realität eines Spiels, sondern um die Teilhabe am magischen Überstieg. Das Mitagieren im Ritual wird zu dessen Realisationsform oder zumindest zur Steigerungsform eines nur rezeptiven Verhaltens.

Von besonderem Belang ist dabei, dass der magische Überstieg als »kollektive Tatsache« ein besonderes Gewicht erhält. Dies wurde – wichtige Thesen der durkheimschen Religionssoziologie z. T. vorwegnehmend – von Hubert und Mauss klar formuliert. Indem die Teilnehmer des Rituals sich wechselseitig den Zustand magischen Ergriffenseins darstellen, kommt es zu einer entschiedenen Verdichtung der magischen Atmosphäre, ja, Hubert und Mauss suchen hier nach den letzten Erklärungen des magischen Phänomens: »Alle Leiber haben dieselbe Schwingung, alle Gesichter tragen dieselbe Maske und alle Stim-

Abb. 8: Kifwebe-Maske der Songye, Kongo

Abb. 9: Männlich-weibliches Tyiwara-Maskenpaar der Bamana, Mali, bei einem Hackwettbewerb

men sind ein einziger Schrei, ganz abgesehen von dem tiefen Eindruck, den der Takt, die Musik und der Gesang hinterlassen. Um in allen Gestalten das Bild seines Verlangens zu sehen, um aus allen Münden den Beweis seiner Gewißheit zu vernehmen, fühlt sich ein jeder ohne irgend möglichen Widerstand von der Überzeugtheit aller mitgerissen.«[110]

Der kollektivpsychologische Erklärungsversuch führt selbst dann, wenn er dieses Phänomen nicht voll ausschöpft, doch auf wesentliche Bestimmungen der Maskenrituale. Denn deren besondere Wirksamkeit steigert sich noch einmal durch die wechselseitigen Einwirkungen der Teilnehmer. Was die Masken so effektvoll in Bewegung setzen, erhält eine eigene Dynamik in der Wechselseitigkeit. Dabei geht es nicht nur um eine formal-distanzierte Bestätigung von Annahmen, sondern um einen kollektiven Einstimmungsvorgang, der die Tiefenschichten des Affektiven mitumfasst. Die Mitteilung des Magischen wird zur Erfahrung des Einklangs in der kollektiven Teilhabe an einem Kraftumlauf. Dies ist es, was auch Hubert und Mauss in organizistischen Termini festzuhalten versuchen: »In der Bewegung ihres Tanzes und im Fieber ihrer Erregung durcheinandergewürfelt bilden sie nur noch einen einzigen Leib und eine einzige Seele. Erst dann ist also der soziale Körper wahrhaft realisiert, denn in diesem Augenblick sind seine Zellen, die Individuen, vielleicht ebenso wenig voneinander isoliert wie die des individuellen Organismus.«[111]

Das Spiel führt in den Bereich des Magischen und wird in seinem Milieu zu einer eminenten kollektiven Tatsache: »Dank dieser Beteiligung aller, dieser beständigen Osmose zwischen Darstellern und Publikum, sind derartige Manifestationen, auch wenn sie einen Bruch mit dem gewöhnlichen Lauf des Lebens darstellen, nicht wie die eigentlich theatralischen Veranstaltungen in einer besonderen Sphäre angesiedelt, in der die darin beschlossenen und sich entwickelnden Wesen von den übrigen abgetrennt und aus diesem Grunde außerhalb des Lebens gestellt sind. Es dürfte sich letzten Endes um bevorzugte Momente handeln, in denen das kollektive Leben selbst eine theatralische Form annimmt.«[112]

Charakteristisch ist dabei, wie die Lockerung der Grenzziehungen zwischen den Individuen zu einem Faktor der sozialen Integration werden kann. Die gemeinsame Erfahrung magischer Entgrenzung dient regelmäßig dazu, die Bande einer Gruppe fester zu ziehen. Auch wo nicht die spezifische Geschlossenheit der modernen Subjektkonstitution zugrunde gelegt werden kann, dürften die in der Maske angelegten Tendenzen der Grenzüberschreitung doch unverkennbar sein.

Die Teilhabe am Magischen, die sich in dieser Überschreitung realisiert, zielt darüber hinaus auf eine Regulierung des Austauschs mit der Natur. In den sozialen Beziehungen und in der Naturauseinandersetzung stoßen wir auf die beiden großen *Wirkfelder* der Maskenrituale und wohl des Rituellen überhaupt. Nach der Inkorporierung des Magischen gelangen wir hier zum bereits angesprochenen Wirkaspekt der Reexternalisierung,

Die Zusammenziehung beider Bereiche ist zwanglos möglich, da sie gleichermaßen als von magischen Kräften und Wesen durchzogen gedacht sind. Fruchtbarkeit, Schutz vor Krankheit, Beistand in Konflikten, soziale Homogenisierung und Kontrolle stehen dabei neben anderem im Mittelpunkt – die Maskenriten dienen einer magischen Problembearbeitung der ganzen Lebenswirklichkeit.

Der Weg der Masken

Claude Lévi-Strauss' Untersuchung *Der Weg der Masken* kann als ein Versuch gelesen werden, den Kontext der Masken in einem noch umfassenderen Sinne zu erschließen. Diese Feststellung könnte insofern überraschen, als Lévi-Strauss auf die situativen Kontexte der Maskenpraxen und Rituale nur beiläufig eingeht. Auch legt er das Schwergewicht nicht auf die Rolle der Mythen und Rituale in der spezifischen Erfahrung einzelner Gruppen und Völker, sondern stellt vor allem die komplizierten Transformationsbeziehungen in den Mittelpunkt, die zwischen den mythischen Erzählungen verschiedener Populationen bestehen. Nicht besonderen Mythen oder deren vorgeblicher Eigenständigkeit gilt sein Interesse, sondern den Parallelen und Oppositionen zwischen den Mythen verschiedener Gruppen und Völker.

Zwar mildert Lévi-Strauss den Gegensatz zu intern verfahrenden Ansätzen ab, wenn er sein Vorgehen eng an das Studium lokaler Quellen zurückbindet – die Betrachtung gemäß der strukturalistischen Methode erscheint so als eine zusätzliche analytisch-interpretative Anstrengung in Hinsicht auf das vorgefundene Material – dabei hebt er den Gegensatz aber nicht auf.

Seine Untersuchung der Mythen soll näheren Aufschluss für ein Verständnis der Masken bringen, insofern diese ebenso wie die Mythen nicht als isolierte Gegenstände zu deuten sind: »Semantisch gesehen, gewinnt ein Mythos erst dann einen Sinn, wenn man ihn in die Gruppe seiner Transformationen eingebettet hat; ebenso entspricht ein Maskentypus, rein plastisch gesehen, anderen Typen, deren Form und Farben er transformiert, um zu seiner Individualität zu gelangen.«[113]

Es geht hier nicht bloß um eine äußere Parallele, Mythen und Masken sind Teil eines semantischen Bezugssystems. Die Untersuchung der Masken bei Lévi-Strauss erweist sich als Anwendungsfall und Spezifikation seiner Überlegungen zur Zusammenhangsbeziehung der Mythen. Die sozialen und religiösen Funktionen der aufeinander verweisenden Maskentypen finden dabei strenge Entsprechungen in ihrer plastisch-materiellen Erscheinungsweise.

Den Zusammenhang zwischen Mythen und Masken erschließt Lévi-Strauss am Beispiel von Herkunftsmythen bestimmter nordamerikanischer Maskentypen. In den Erzählungen, die erklären, wie bestimmte Maskentypen zu einzelnen Indianervölkern gelangt sind, sollen die Transformationsbeziehungen aufzufinden sein, die auch im Plastischen dominieren.

Zwei Maskentypen stehen für ihn dabei im Blickpunkt. Einmal die Swaihwé-Maske, die bei zahlreichen Indianergruppen aus der Sprachfamilie der Salish anzutreffen ist. Zu ihren wichtigsten Kennzeichen gehören weit hervortretende, zylindrische Augen und eine heraushängende Zunge. Die Maske, die nur von Angehörigen hoch gestellter Linien besessen und getragen werden durfte, kam während des Potlatch, bei Eheschließungen, Begräbnissen, bei Initiationszeremonien und weiteren festlichen Anlässen zum Einsatz. Ihr wurde eine reinigende Wirkung zugesprochen, zudem sollte sie Glück und Reichtum fördern.

Auch benachbarte Indianergruppen kannten die Maske. So die Kwakiutl, die sie unter dem Namen Xwéxwé wohl von den Salish übernommen haben. Die beiden Verbände standen in einem zwiespältigen Verhältnis zueinander, das Kriege ebenso umfasste wie Tauschgeschäfte und Eheschließungen. Die Xwéxwé-Maske behält bei der Übernahme die wesentlichen plastischen Merkmale der Swaihwé-Maske bei, bezeichnend ist hier jedoch eine semantische Verschiebung. Die Maske steht nicht mehr wie bei den Salish in Zusammenhang mit dem Erwerb von Reichtum, im Gegenteil, sie gilt als geizig und verhindert dessen Erwerb.

Die Kwakiutl besitzen eine weitere Maske, die in einem auffälligen plastischen Oppositionsverhältnis zur Swaihwé/Xwéxwé-Maske steht. Sie soll Dzonokwa darstellen, übernatürliche Wesen meist weiblichen Geschlechts, Riesinnen und Menschenfresserinnen, die in unzugänglichen Waldgebieten leben und oft feindselige, mitunter aber auch komplizenhafte Beziehungen zu den Menschen unterhalten. Statt dem

Weiß der Swaihwé/Xwéxwé-Maske ist Schwarz hier der vorherrschende Ton, statt hervortretender hat die Maske tief innen liegende Augen, statt einer heraushängenden Zunge ist ihr Mund höhlenförmig geöffnet. Die beiden Maskentypen stehen in einem Gegensatzverhältnis, in dem sie sich »fast wie die Gußform und ihr Abdruck«[114] ergänzen.

Durch eine minutiöse Untersuchung der Mythen und ihrer Variationen kommt Lévi-Strauss zu dem Ergebnis, dass trotz des plastischen Gegensatzes die Dzonokwa-Maske bei den Kwakiutl in einer wesentlichen semantischen Funktion mit der Swaihwé-Maske bei den Salish übereinstimmt. Sie kann als »Prinzip aller Reichtümer«[115] angesehen werden, freiwillig oder gezwungen überlässt sie den Menschen ihre Schätze. Entsprechend erscheint die Xwéxwé-Maske der Kwakiutl nicht nur der plastischen Form, sondern auch der Botschaft nach der Dzonokwa entgegengesetzt, da sie ja für den Geiz steht. Diese semantische Entgegensetzung entspricht wiederum der Umkehrung der Botschaft, die die Swaihwé-Maske bei ihrer Übernahme durch die Kwakiutl erfährt.[116]

Die Bezüge zwischen den Mythen und den angesprochenen Maskentypen bei den beiden Indianergruppen führen Lévi-Strauss zu der für seine Untersuchung zentralen Schlussfolgerung: »Wird von einer Gruppe zur anderen die plastische Form beibehalten, so kehrt sich die semantische Funktion um. Wird dagegen die semantische Form beibehalten, so kehrt sich die plastische Form um.«[117] Eine von einer anderen Population übernommene Maske transportiert bei der übernehmenden Population also die entgegengesetzte Botschaft, eine gleich lautende Botschaft wird entgegengesetzten Maskentypen zugewiesen.

Diese Formel hat nach Lévi-Strauss für den Weg der Masken, für ihre räumliche Ausbreitung und geschichtliche Entwicklung sowie für das Verständnis dieses Vorgangs eine grundlegende Bedeutung. Sie kennzeichnet in allgemeinster Weise die Verhältnisse auf einem Feld, auf dem gruppeninterne und übergreifende Vorgaben in einen Spannungsbezug treten. Sie soll eine Logik sichtbar machen, die der Kulturentwicklung weit über den untersuchten Gegenstandsbereich hinaus ihren Stempel aufprägt.

Dabei widerspricht sie insbesondere dem Mythos vom einsamen Schöpfertum. An dessen Stelle tritt der Künstler und seine Auseinandersetzung mit dem Vorfindlichen in einem Übernahme und Umwandlung gleichermaßen beinhaltenden Spiel der Differenz. Denn die Swaihwé der Salish und die Dzonokwa der Kwakiutl, die so gegensätzlich aussehen und doch die gleiche Botschaft transportieren, sind Teil eines Systems. Ihre Merkmale bedeuten für sich genommen wenig, wirklich verständlich werden sie erst in ihrer Komplementarität.

Entsprechend sind Kunstwerke, Skulpturen und Masken im Besonderen auch nicht einfach aufgrund des bildlichen Gehalts oder von ihrem engeren Gebrauchskontext her zu interpretieren. Für Lévi-Strauss ist eine Maske »nicht in erster Linie das [...], was sie darstellt, sondern das, was sie transformiert, d. h. absichtlich *nicht* darstellt. So wie ein Mythos verneint auch eine Maske ebensoviel, wie sie bejaht. Sie besteht nicht nur aus dem, was sie sagt oder zu sagen meint, sondern auch aus dem, was sie ausschließt.«[118]

Lévi-Strauss' Versuch, den weiteren Kontext der Masken zu erschließen, ist damit noch nicht an sein Ende gelangt, er macht einen noch umfassenderen Zusammenhang aus. In den Mythen, die sich um die Masken ranken, spielt das Kupfer als eine Form des Reichtums eine wichtige Rolle. Die übernatürlichen Wesen, die in den Swaihwé- und Dzonokwa-Masken ihre Darstellung finden, verschaffen den Menschen das kostbare Metall. Da dessen Hauptabbaugebiete weit entfernt im Landesinnern liegen, hätte eine Analyse den die entsprechenden Distanzen überbrückenden Austauschbeziehungen und ihren mythischen und maskenschöpferischen Implikationen nachzugehen, sie hätte zu zeigen, wie das Spiel der Differenzen, das an den Masken der benachbarten Salish und Kwakiutl abzulesen ist, insgesamt einer »Ideologie des Kupfers«[119] untersteht.

Im Hinblick auf die Maskenformen versucht Lévi-Strauss diesen noch umfassenderen Zusammenhang an einem der plastischen Gegensätze zu verdeutlichen. Die besonderen Augenformen der Masken stehen für je besondere Wahrnehmungsweisen des Kupfers. Während die zylindrischen Augen der eher dem Wasser und dem Himmel zugewandten Swaihwé darauf verweisen, dass dieses Wesen vom Glanz des Metalls nicht geblendet werden kann, könnten die tief in den Höhlen liegenden, oft halb geschlossenen Augen der chthonischen Dzonokwa anzeigen, dass diese beständig von ihm geblendet wird.

Das Maskenthema kann mit den begrifflichen Mitteln von Lévi-Strauss eine wichtige Ergänzung erfahren. Sein analytisch-abstrahierendes Vorgehen verortet die Masken in einem semantischen Feld und bindet sie zurück an Organisationsprinzipien eines – nicht nur – archaischen Denkens und an dessen Spiel der Differenzen. Insofern er dabei die situative Konkretion des Maskengebrauchs jedoch kaum mehr mit bedenkt, besteht die Gefahr, dass die strukturalistische Schematik auf eine Entkontextualisierung hinausläuft. Im Rahmen eines Pluralismus der Methoden muss dies aber nicht zwingend so sein. Lévi-Strauss Methode kann umfassendere Kontexte und Bezüge erschließen, die dem »Nahblick« nur zu oft entgehen. Richtig verstanden handelt es sich um einen weiteren Schritt weg von jener isolierenden Gegenständlichkeit, in der die Masken jenseits ihres Gebrauchszusammenhangs erscheinen.[120]

Allerdings sind in diesem Zusammenhang noch weitere Probleme zu bedenken. Ein erstes betrifft die Strenge, mit der Lévi-Strauss das duale Schema der Oppositionsbeziehungen zugrunde legt. Auch wenn es das menschliche Denken tiefgreifend zu formieren vermag, so ist doch zu fragen, inwieweit andere, nicht-duale Prinzipien mit zu bedenken sind, etwa solche, die drei- oder mehrgliedrige Beziehungen erfassen oder solche eines Nebeneinanders, das auf identifizierende Gegenüberstellungen verzichtet.

Als ein die Klammern des Dualen aufhebendes Geschehen erweist sich hier unter anderem der künstlerische Prozess, der sich zwar nicht auf das schöpferische Individuum reduzieren lässt, der aber auch nicht als vom Mechanismus der Oppositionsbildungen her ausrechenbar erscheint. Der Offenheit des Kreativen und seinem *hic et nunc* ist wohl mehr Gewicht beizumessen als das strukturalistische Schema der Negationen es vorsieht.

Vor allem aber stellt die Maske selbst mit ihrer Fähigkeit, überkommene Grenzziehungen einzuholen, die umfassende Gültigkeit des dualistischen Schemas in Frage. Man denke nur an den rauschhaft-dionysischen, die herrschenden Gegensatzbildungen verflüssigenden Aspekt des Maskengebrauchs. Das gegenwärtige Interesse an der Maske ist entsprechend auch weniger ein fixierendes, sondern eher eines, das nach der Bedingtheit der Oppositionen und der Begrenztheit des in ihr Befangenen Denkens fragt. Das Maskenhafte erscheint weniger als Verweis auf ein Fixum, sondern mehr als Schnittpunkt von diskursiven Setzungen. Die Subversion der Maske geht heute vor allem auf die Relativität des Wirklichkeitskonstrukts und der Mittel, die ihm unthematisch zur Wirksamkeit verhelfen.

Anmerkungen

1 Statt der üblicheren Unterscheidung zwischen Leib und Körper lege ich im Folgenden die dreigliedrige Körperphänomenologie zugrunde, die Jean-Paul Sartre in *Das Sein und das Nichts* entwickelt hat. Die Dimension des Leibs erscheint darin als präreflexive körperliche Selbstgegenwart, der dem Leib objektivierend gegenübergestellte Körper als Körper-für-Andere bzw. als in der objektivierenden Perspektive wahrgenommener eigener Körper. Der Kontext verdeutlicht jeweils, welche Dimension gemeint ist.

2 In der Fülle der Publikationen, die diese These untermauern, sind in den letzten Jahren vor allem die Untersuchungen zur primären Intersubjektivität von Daniel Stern hervorgetreten.

3 Lichtenberg 1994 (Su), S. 473.

4 Lichtenberg 1994 (ÜP), S. 264.

5 Die Topologie des »Innen« und »Außen«, auf die noch näher einzugehen ist, hängt nicht zuletzt mit der Wahrnehmung des Gesichts als Eindrucks- und vor allem als Ausdrucksfläche zusammen.

6 Lichtenberg 1994 (ÜP), S. 278.

7 Vgl. hierzu Michel 1990, S. 64.

8 Vgl. Schmölders 1997, S. 129f.

9 Die Sparsamkeit der Mittel sowie die Schnelligkeit und vielleicht auch kulturübergreifende Verbindlichkeit, mit der entsprechende Urteile im Hinblick auf einige bestimmte Ausdrucksgehalte gefällt werden, lässt sich sehr unterschiedlich interpretieren. Gegenüber den lebenweltphänomenologischen Überlegungen zur Typisierung, die bei meinen Überlegungen im Vordergrund stehen, ließen sich im Anschluss an Darwin (1896) und die Evolutionsbiologie oder auch an ethologische Ansätze »angeborene« Ausdrucks- bzw. Typisierungsschemata unterstellen, die – ggf. durch die mit ihnen verbundenen evolutionären Vorteile – in die biologische Ausstattung eingegangen sind. Sowohl kulturalistisch wie naturalistisch deutbar ist der ausdruckspsychologische Ansatz von Paul Ekman. Für einige grundlegende Ausdrucksgehalte unterstellt er ein kulturübergreifendes Verstehen, wobei offen bleibt, ob dies der natürlichen Ausstattung oder gewissen kulturbedingten Konstanten im frühkindlichen Lernen entspringt (1974, S. 139). – Eine ausführliche Diskussion der unterschiedlichen Positionen und ihrer erkenntnistheoretischen Voraussetzungen würde den Rahmen der vorliegenden Arbeit bei Weitem übersteigen.

10 Vgl. Böhme 1995 (ÜPS), S. 124.

11 Vgl. Böhme 1996, S. 234ff.

12 Eine allerdings auf abstrakterer Ebene angelegte Analyse einer solchen Ingressionserfahrung dient Sartre zur Einführung seiner intersubjektivitätstheoretischen Grundkategorie des »Für-Andere-Seins«. Er beschreibt Verschiebungen, die sich in

»meiner« Welt bemerkbar machen, wenn ein anderer sich nähert (vgl. Sartre 1991, S. 459ff.; vgl. auch Olschanski 1997, S. 70f.).

13 Proust 1981, S. 63.

14 Noch schwieriger ist es, Ablaufgestalten in den reflexiven Blick zu nehmen. Man versuche nur, fliegende Gegenstände zu imaginieren, die gleichmäßig eine bestimmte Bahn zurücklegen sollen.

15 Lichtenberg 1994 (ÜP), S. 283.

16 Ebd.

17 Böhme 1995 (ÜPS), S. 123.

18 Schopenhauer 1977, S. 692f. (Hervorhebung im Original).

19 Ebd., S. 692.

20 Kant 1991, S. 640.

21 Vgl. Olschanski 1997, S. 149ff.

22 Husserl versucht in seinen *Cartesianischen Meditationen* (S. 111ff.) die Fremderfahrung grundsätzlich als analogische Apperzeption oder Appräsentation auszulegen. Zu den hiermit verbundenen Problemen vgl. Olschanski 1997, S. 49ff.

23 Böhme 1995 (ÜPS), S. 111. – Claudia Schmölders (1997, S. 54f.) verweist auf kulturgeschichtliche, soziale und politische Entwicklungen, die dem neuzeitlichen Interesse an der Physiognomik weitere spezifische Anstöße gegeben haben: »Sechs große Themen haben physiognomische Fragestellungen nacheinander und auf je unterschiedliche Weise populär gemacht: die ›Entdeckung‹ des Individuums, die Erforschung fremder Völker in und seit der Renaissance; die Psychologisierung des menschlichen Umgangs im höfischen Klima; die Emphase der Anthropologie im 18. Jahrhundert; die Entdeckung der Fotografie und ihre wissenschaftliche Nutzung im 19. Jahrhundert und schließlich die rassistische Perspektive im 20. Jahrhundert.« Hinzu kommt die Erfahrung des anonymisierenden städtischen Raums, in dem Begegnungen sich weithin auf flüchtige Wahrnehmungen von Gesichtern reduzieren.

24 Weitere Radikalisierungen verbinden sich mit Lockes punktuellem Selbst und einer Vernunftansprüche und Sinnlich-Heteronomes einander schroff gegenüberstellenden Transzendentalphilosophie. Charles Taylor hat in seiner Untersuchung *Quellen des Selbst* theologische und philosophische Artikulationen dieses Wegs in die »Innerlichkeit« detailliert nachgezeichnet.

25 Böhme 1995 (ÜPS), S. 123.

26 Eine Beobachtung, die im Zusammenhang mit der Als-ob-Struktur des Spiels dazu angetan ist, dem emphatischen Physignomisieren weiter den Boden zu entziehen, ist der Rahmenbruch während des Schlussbeifalls, wenn ein Schauspieler auf Distanz zur Rolle geht und die mit der Figurenzeichnung zur Deckung gebrachte Physiognomie aus den Sinnbezügen des Spiels herausfallen lässt. Die Atmosphäre der Leichtigkeit, die dabei entsteht – und die von einem letzten ironischen Akzentuieren des Rollencharakters manchmal noch verstärkt wird – gründet wesentlich im Bruch der physiognomischen Bestimmtheit. Das Gesicht des Schauspielers zeigt sich gerade in Differenz zum Charakter der Figur, der durch es so zwingend festgelegt erschien.

27 Vgl. u.a. Stern 1992 und 1977.

28 Schmitz 1990, 135ff.

29 Die Nachformung kann weit subtiler sein, als der Ausdruck, der nachgeformt wird: Sie kann – wie schon beschrieben – bloß »andeutungsweise« erfolgen und in einem unsichtbaren Anspannen der Partien bestehen, die für den jeweiligen Ausdruck nötig wären. Sie kann zudem über momentane Ausdrücke, Wertungen und Gefühle

und deren Abfolgebewegung hinaus auch sich länger durchhaltende Züge betreffen. Dies gilt sowohl für länger anhaltende Stimmungen und Befindlichkeiten als auch für pathognomische Verfestigungen, die bei langjährigen Partnern manchmal an frappierenden Ähnlichkeiten des Ausdrucks abzulesen sind. – Ernst Gombrich hat in seinem Essay *Maske und Gesicht* der sich über das Gesicht vermittelnden Anverwandlung großes Gewicht beigelegt.

30 Lévinas 1987, S. 22.

31 Lévinas 1987, S. 25.

32 Sartre 1991, S. 464.

33 Sartre 1991, S. 470.

34 Sartre 1991, S. 471.

35 Lévinas 1987, S. 309.

36 Zu diesem Verhältnis von Gleichheit und Ungleichheit vgl. auch Ogibenin 1975, S. 5.

37 Goffman 1980, S. 409.

38 Ebd., S. 410.

39 Ebd., S. 31ff.

40 Bateson 1983, S. 254.

41 Goffman 1980, S. 339.

42 Wittgenstein 1977, S. 127.

43 Schütz/Luckmann 1979, S. 47ff.

44 Schütz/Luckmann 1984, S. 153.

45 Schütz/Luckmann 1979, S. 320.

46 Die Maske kann im Vergleich zur Marionette viel unmittelbarer an der Lebendigkeit des Spielers partizipieren, denn dieser tritt mit seinem Körper ja direkt in Erscheinung, er macht ihn zu einem relevanten Teil des Geschehens. Darüber hinaus ist auch diese Verbindung kreisförmig. Die das Gesicht des Trägers verhüllende und von ihm verlebendigte Darstellung des Maskengesichts wirkt auf die Wahrnehmung seines Körpers zurück und strukturiert dessen Erscheinen als von den Zügen der Maske bestimmt. – Der Durchgang durch die Formen, die die ursprüngliche Einheit konterkarieren, ließe sich insgesamt als eine Stufenfolge des Erscheinens von Objekten und ihrem Bezug zum menschlichen Handeln rekonstruieren: von der zufälligen materiellen Konstellation über Objekte wie Vogelscheuchen, die zufällige Bewegungen gerichtet einbeziehen, hin zur Programmierung der Abfolge beim Automaten und ihrer direkten Lenkung im Marionettenspiel bis zu einem Auf-den-Körper-Setzen des Objekts im Maskenspiel.

47 Goffman 1980, S. 52ff.

48 Ebd., S. 604.

49 James 1950, S. 299.

50 Sartre hat die Hypostasierung des »Ernstes« immer wieder kritisiert, etwa in der Figur des »Autodidakten« in *Der Ekel*.

51 Huizinga 1963, S. 17. Überzeugend zeigt er – wie nach ihm auch Bateson 1983, S. 243f. – dass die basale »Als-ob«-Struktur des Spiels bis ins Tierreich hinein handlungs- bzw. verhaltensorientierend wirkt. Wir scheinen es hier mit elementareren Rahmungsbeziehungen zu tun zu haben als beispielsweise beim Humor, bei dem Rahmenbrüche und Verschiebungen zum Tragen kommen, die reflexivere, das Ineinanderspiel verschiedener Rahmen selbst präsent haltende Bewusstseinsvorgänge zur Voraussetzung haben.

52 Auch die Verfremdung der Gesichtszüge durch Masken kann hierzu beitragen (vgl. Brecht 1957, S. 74ff.).

53 Die durch die Abhebung verschiedener Realitätsebenen für uns wirksame Verminderung der Spielrealität tritt ex negativo im Kindertheater hervor, wenn die Zuschauerschar den Protagonisten auf der Bühne vor einer ihm drohenden Gefahr warnt; die Kommunikation mit dem Protagonisten zeigt, dass die Grenzziehung zwischen verschiedenen Realitätsebenen hier noch nicht scharf gezogen ist, die Zuschauer sind vielmehr Teil einer einheitlichen, für sie nicht in Spiel/Nicht-Spiel unterschiedenen Realität.

54 Schütz / Luckmann 1979, S. 50.

55 Vgl. Le Breton 1989 und 1992.

56 Diese Eindringlichkeit hat in neuerer Zeit vor allem Arnulf Rainer zum Ausdruck gebracht, der in umfangreichen Werkserien Fotografien von Totenmasken übermalte und nachkonturierte (vgl. Rainer 1985).

57 Park 1950, S. 249 (zit. nach Goffman 1969, S. 21).

58 Vgl. Eisermann 1991, S. IX.

59 Vgl. Fetscher 1987.

60 Goffman 1969, S. 23. Eisermann (1991, S. 13 u.ö.) verwendet dagegen den Begriff der »Rollenmaske«, um das Zusammenspiel von Mimik, Gestik, Sprechweise, Kleidung usw. herauszuarbeiten, in dem eine Person die übernommene oder auferlegte Rolle konkretisiert.

61 Goffman 1969, S. 28.

62 Sartre 1991, S. 139ff.

63 Nietzsche 1999 (MA), S. 72.

64 Auch wenn zwischen Nietzsches und Sartres Überlegungen gravierende Unterschiede unübersehbar sind, so steht doch die Kritik an sozialen Rollenvorgaben und -erwartungen für beide in einer Perspektive des Neuschaffens von Werthorizonten und Lebens- bzw. Existenzmöglichkeiten.

65 Plessner 1974, S. 35.

66 Ebd., S. 30.

67 Vgl. Kaufmann 1982, S. 111ff.

68 Rudolf zur Lippe (1987, S. 21) unterscheidet im Hinblick auf die Bildung und Auflösung von Identitäten drei Dimensionen der Maske: »Das *Verbergen,* in dem man erst einmal nicht der sein muß, den man kennt und den die anderen kennen, diese/r bestimmte Einzelne. Das *Entbergen,* in dem plötzlich Dinge aufwachsen, die einem nicht bewußt gewesen sind [...] Und das *Bergen,* in dem eben jede dieser Masken ja auch eine Ähnlichkeit mit dem Bildner festhält [...]«

69 Auf diese Problematik hat Walter Kaufmann (1982) aufmerksam gemacht, auch wenn seine Sartrekritik im Rahmen der gängigen Verkürzungen bleibt.

70 Bruno de Panafieu (1987) hat die entsprechenden Zusammenhänge im Hinblick auf die psychotherapeutischen Wirkungen der Maske betont.

71 Nietzsche 1999 (DW), S. 555.

72 Nietzsche 1999 (GT), S. 63.

73 Ebd., S. 64.

74 Ebd., S. 47.

75 Vattimo 1999, S. 24.

76 Nietzsche 1999 (MA), S. 63.

77 Nietzsche 1999 (MR), S. 115.

78 Nietzsche 1999 (MA), S. 63.
79 Nietzsche 1999 (AZ), S. 31.
80 Ebd., S. 30.
81 Caillois 1982, S. 85.
82 Ebd., S. 96.
83 Ebd., S. 112.
84 Ebd., S. 99.
85 Zur Etymologie vgl. Bergsträsser 1985.
86 Riha 1992, S. 11.
87 Riha 1980, S. 54ff.
88 Vgl. Brecht 1957.
89 Vgl. Schechner 1990. Zu Seamis Lehre des Nô vgl. Seami 1986.
90 Jaspersen 1998.
91 Lévi-Strauss 1977, S. 9.
92 Ebd., S. 12.
93 Ebd., S. 11.
94 Kerényi 1948, S. 184; vgl. auch S. 193.
95 Otto 1960, S. 81f.
96 Ebd., S. 83.
97 Ebd., S. 84.
98 Ebd., S. 84.
99 Ebd., S. 84; anders Kerényi 1948, S. 186.
100 Otto 1960, S. 84.
101 Zimmer 1988, S. 313.
102 Ebd.
103 Vgl. Wiener 1992, S. 262f.
104 Henri Hubert und Marcel Mauss spielen in ihrem inzwischen klassischen *Entwurf einer allgemeinen Theorie der Magie* die verschiedenen Kombinationen durch (1989, S. 101ff.).
105 Malinowski 1973, S. 14.
106 Leiris 1977, S. 214.
107 Frobenius 1898, Kap. 3.
108 Dagan 1992, S. 75.
109 Hubert und Mauss 1989, S. 133.
110 Ebd., S. 165.
111 Ebd.
112 Leiris 1977, S. 219f.
113 Lévi-Strauss 1977, S. 16.
114 Ebd., S. 62.
115 Ebd., S. 83.
116 Vgl. ebd., S. 135.
117 Ebd., S. 83.
118 Ebd., S. 132.
119 Ebd., S. 135.
120 Als umfassendster Versuch, die Erkenntnisse des Strukturalismus an lebensweltliche Erfahrungsgehalte zurückzubinden, muss wohl Jean-Paul Sartres *Kritik der dialektischen Vernunft* gelten. Vgl. hierzu auch Olschanski 1997, S. 233ff.

Literatur

Barba, Eugenio: Theateranthropologie, in: ders., Jenseits der schwimmenden Inseln. Reflexionen mit dem Odin-Theater. Theorie und Praxis des freien Theaters, Reinbek 1985, S. 147–174

Bateson, Gregory: Eine Theorie des Spiels und der Phantasie, in: ders., Ökologie des Geistes, Frankfurt/M. 1983, S. 241–261

Benkard, Ernst: Das ewige Antlitz, Berlin 1929

Berger, Peter L. / Thomas Luckmann: Die gesellschaftliche Konstruktion der Wirklichkeit. Eine Theorie der Wissensoziologie, Frankfurt/M. 1980

Bergsträsser, Ludwig. A.: Die Maske, Darmstadt 1985

Bieber, M.: Maske, in: Paulys Realenzyklopädie der classischen Altertumswissenschaft Band XIV, 2, Stuttgart 1930, S. 2070–2120

Bihalji-Merin, Oto: Masken der Welt, Gütersloh 1970

Blau, Harold: Function and the False Face, in: Journal of American Folklore 314, S. 564–582

Böhme, Gernot: Über die Physiognomie des Sokrates und Physiognomik überhaupt, in: ders., Atmosphäre. Essays zur neuen Ästhetik, Frankfurt/M. 1995, S. 101–126 [=ÜPS]

–: Zur Physiognomik des Schönen, in: ders., Atmosphäre. Essays zur neuen Ästhetik. Frankfurt/M. 1995, S. 127–131

–: Das Bild der Dämmerung, in: Norbert Bolz / Ulrich Rüffer (Hg.): Das große stille Bild, München 1996, S. 234–245

Brecht, Bertolt: Verfremdungseffekte in der chinesischen Schauspielkunst, in: ders., Schriften zum Theater. Über eine nicht-aristotelische Dramatik, Frankfurt/M. 1957, S. 74–89

Caillois, Roger: Die Spiele und die Menschen: Maske und Rausch, Frankfurt/M. / Berlin / Wien 1982

Campbell, Joseph: Die Masken Gottes. 4 Bde., München 1996

Carus, Carl Gustav: Symbolik der menschlichen Gestalt, Darmstadt 1962

Cawthorne, Nigel: Mythos und Maske. Die indianische Stammeskultur Nordamerikas, Augsburg 1998

Dagan, Esther A.: The Spirit's Image. The african masking Tradition – Evolution and Continuity, Montreal 1992

Darwin, Charles: Der Ausdruck der Gemütsbewegungen bei dem Menschen und den Tieren, Halle/S. 1896

Ebeling, Ingelore: Masken und Maskierung. Kult, Kunst und Kosmetik. Von den Naturvölkern bis zur Gegenwart, Köln 1984

Eisermann, Gottfried: Rolle und Maske, Tübingen 1991

Ekman, Paul: Gesichtsausdruck und Gefühl, Paderborn 1988

– und Wallace V. Friesen: Unmasking the Face, New Jersey 1975

– u. a.: Gesichtssprache. Wege zur Objektivierung menschlicher Emotionen, Wien / Köln / Graz 1974

Eliade, Mircea: Schamanismus und archaische Ekstasetechnik, Frankfurt/M. 1975

Emrich, Hinderk M.: Physiognomik des Psychischen. Zur Theorie der »Mimesis«, in: Claudia Schmölders (Hg.) 1996, S. 227–249

Fetscher, Iring: Masken der Politik – Politik der Maske, in: Klaus Hoffmann / Uwe Krieger (Hg.) 1987, S. 6–15

Flusser, Vilém: Die Geste des Maskenwendens, in: ders., Gesten. Versuch einer Phänomenologie, 2. Aufl. Bensheim / Düsseldorf 1993, S. 125–133

Frobenius, Leo: Die Masken und Geheimbünde Afrikas, Halle/S. 1898

Gadamer, Hans-Georg: Wahrheit und Methode. Grundzüge einer philosophischen Hermeneutik, 6. Aufl. Tübingen 1990

Geertz, Clifford: Dichte Beschreibung. Beiträge zum Verstehen kultureller Systeme, Frankfurt/M. 1987

Gennep, Arnold van: Übergangsriten, Frankfurt/M. 1986

Glotz, Samuel (Hg.): Le Masque dans la Tradition Européene, Binche 1975

Goffman, Erving: Rahmen Analyse. Ein Versuch über die Organisation der Alltagserfahrung, Frankfurt/M. 1980

–: Wir alle spielen Theater. Die Selbstdarstellung im Alltag, München 1969

Gombrich, Ernst H.: Maske und Gesicht, in: ders. u. a.: Kunst, Wahrnehmung, Wirklichkeit, Frankfurt/M. 1977, S. 10–60

Gottsched, Johann Christoph: Versuch einer critischen Dichtkunst, 5. Aufl. Darmstadt 1962

Gregor, Joseph: Die Masken der Erde, München 1936

Grotowski, Jerzy: Für ein armes Theater, Zürich / Schwäbisch Hall 1986

Guidieri, Remo: Statue and Mask: Presence and Representation of Belief, in: Res 5/ 1983, S. 14–22

Hahner-Herzog, Iris / Maria Kecskési / László Vajda, Das zweite Gesicht, Afrikanische Masken aus der Sammlung Barbier-Mueller, München und New York 1997

Hegel, Georg Wilhelm Friedrich: Phänomenologie des Geistes, Theorie-Werkausgabe Bd. 3, Frankfurt/M. 1970

Hoffmann, Ernst Theodor Amadeus: Der Sandmann, in: ders., Nachtstücke. Erster Teil, Wiesbaden o. J., S. 7–47

Hoffmann, Klaus / Uwe Krieger (Hg.): Symposion Maske 2. Theater, Religion, Therapie, Hannover 1987

Hubert, Henri / Marcel Mauss: Entwurf einer allgemeinen Theorie der Magie, in: Marcel Mauss, Soziologie und Anthropologie I, Frankfurt/M. 1989, S. 43–179

Huizing, Klaas: Physiognomierte Urschrift. Lévinas Postscriptum der Moderne, in: Michael Mayer / Markus Hentschel (Hg.), Lévinas. Zur Möglichkeit einer prophetischen Philosophie, Parabel Bd. 12, Gießen 1990, S. 30–40

Huizinga, Johan: Homo Ludens. Vom Ursprung der Kultur im Spiel, Reinbek 1963

Husserl, Edmund: Cartesianische Meditationen, 2. Aufl. Hamburg 1987

James, William: The Perception of Reality, in: ders., The Principles of Psychology, Vol. II, New York 1950, S. 283–324

Jaspersen, Malte: Das Muschelkalkgesicht, Bremen 1998

Kachler, Karl G.: Zur Entstehung und Entwicklung der griechischen Theatermaske, Basel 1991

–: Maskenspiele aus Basler Tradition, Basel 1986

Kant, Immanuel: Anthropologie in pragmatischer Hinsicht, in: ders., Werkausgabe Bd. XII, hg. von Wilhelm Weischedel, Frankfurt/M. 1991, S. 399–690

Kaufmann, Walter: Nietzsches Philosophie der Masken, in: Nietzsche-Studien Band 10/11, Berlin / New York 1982, S. 111–131

Kerényi, Karl: Mensch und Maske, in: Eranos-Jahrbuch XVI, Zürich 1948, S. 183–208

Kirchhof, Johannes K. J.: Das menschliche Antlitz im Spiegel organisch-nervöser Prozesse, Göttingen 1960

Klemm, Harald / Reinhard Winkler: Masken – Gesichter hinter dem Gesicht, Zytglogge 1995

Korff, Gottfried: Gas – Maske – Angst, in: Ästhetik und Kommunikation 75, S. 71–77

Krieger, Uwe: Bibliographie Masken, in: Klaus Hoffmann u.a. (Hg.), Symposion Maske. Teil 1. Kunst, Politik, Gesellschaft, Hannover / Berlin 1985, S. 65–67

Lavater, Johann Kaspar: Physiognomische Fragmente, Leipzig 1969

Le Breton, David: Des Visages. Essai d'anthropologie, Paris 1992

–: L'homme defiguré. Essai sur la sacralité du visage. in: Les Temps modernes 510, Paris 1989, S. 99–112.

Lefebvre, Henri: Das Alltagsleben in der modernen Welt, Frankfurt/M. 1972

Leiris, Michel: Die Besessenheit und ihre theatralischen Aspekte bei den Äthiopiern von Gondar, in: ders., Die eigene und die fremde Kultur, Frankfurt/M. 1977, S. 135–227

Lersch, Philipp: Gesicht und Seele, München 1961

Lévinas, Emmanuel: Totalität und Unendlichkeit. Versuch über die Exteriorität, München 1987

Lévi-Strauss, Claude: Der Weg der Masken, Frankfurt/M. 1977

Lichtenberg, Georg Christoph: Über Physiognomik. Wider Physiognomen. Zu Beförderung der Menschenliebe und Menschenkenntnis, in: ders., Schriften und Werke, hg. von Wolfgang Promies, Bd. 3, 5. Aufl. München 1994, S. 252–295 [ÜP]

–: Sudelbücher I, Heft F, Aphorismus 88, in: ders., Schriften und Werke, hg. von Wolfgang Promies, Bd. 1, 5. Aufl. München 1994, S. 473 [Su]

Lippe, Rudolf zur: Wesen sein – zum Wesen sprechen: Masken, in: Klaus Hoffmann / Uwe Krieger (Hg.) 1987, S. 20–28

Malinowski, Bronislaw: Magie, Wissenschaft und Religion, Frankfurt/M. 1973

Marcia, Alberto: Commedia dell'Arte and the masks of Amleto and Donato Sartori, Florenz 1980

Meuli, Karl: Maske, Maskereien, in: H. Bächtold-Stäubli (Hg.), Handwörterbuch des deutschen Aberglaubens, Bd. 5, Berlin / Leipzig 1933, S. 1744–1852

Michel, Karl M.: Gesichter. Physiognomische Streifzüge, Frankfurt/M. 1990

Nietzsche, Friedrich: Die Geburt der Tragödie, in: Kritische Studienausgabe, hg. von Giorgio Colli / Mazzino Montinari, Bd. 1, München 1999, S. 9–156 [= GT]

–: Die dionysische Weltanschauung, in: Kritische Studienausgabe, hg. von Giorgio Colli / Mazzino Montinari, Bd. 1, München 1999, S. 551–577 [= DW]

–: Menschliches, Allzumenschliches, in: Kritische Studienausgabe, hg. von Giorgio Colli / Mazzino Montinari, Bd. 2, München 1999 [= MA]

–: Morgenröte, in: Kritische Studienausgabe, hg. von Giorgio Colli / Mazzino Montinari, Bd. 3, München 1999 [= MR]

–: Also sprach Zarathustra, in: Kritische Studienausgabe, hg. von Giorgio Colli / Mazzino Montinari, Bd. 4, München 1999 [= AZ]

Ogibenin, Boris: Masks in the light of semiotics, in: Semiotica 13/1975, S. 1–9

Olschanski, Reinhard: Phänomenologie der Mißachtung. Studien zum Intersubjektivitätsdenken Jean-Paul Sartres, Bodenheim 1997

Ottmann, Henning: Das Spiel der Masken. Nietzsche im Werk Eric Voegelins, in: Nietzsche-Studien, Bd. 25, Berlin und New York 1996, S. 191–199

Otto, Walter F.: Dionysos. Mythos und Kultus, 3. Aufl. Frankfurt/M. 1960

Panafieu, Bruno de: Die Maske in der Therapie, in: Klaus Hoffmann /Uwe Krieger (Hg.) 1987, 53–60

Park, Robert E.: Race and Culture, Glencoe/Illinois 1950

Plessner, Hellmuth: Die Deutung des mimischen Ausdrucks. Ein Beitrag zur Lehre des anderen Ich, in: ders., Gesammelte Schriften VII, Ausdruck und menschliche Natur, Frankfurt/M. 1982, S. 67–129

–: Lachen und Weinen. Eine Untersuchung der Grenzen menschlichen Verhaltens, in: ders., Gesammelte Schriften VII, Ausdruck und menschliche Natur, Frankfurt/M. 1982, S. 201–387

–: Zur Anthropologie des Schauspielers, in: ders., Gesammelte Schriften VII, Ausdruck und menschliche Natur, Frankfurt/M. 1982, S. 399–418

–: Soziale Rolle und menschliche Natur, in: ders., Diesseits der Utopie, Frankfurt/M. 1974, S. 23–35

Proust, Marcel: In Swanns Welt. Auf der Suche nach der verlorenen Zeit. Erster Teil, Frankfurt/M. 1981

Raabe, Eva Ch. (Hg.): Mythos Maske. Ideen, Menschen, Weltbilder, Frankfurt/M. 1992

Rainer, Arnulf: Totenmasken, Salzburg /Wien 1985

Riemer, Christoph: Maskenbau und Maskenspiel. Kiel 1991

– / Burckhardthaus Gelnhausen: Masken. Imaginäre Folklore, Gelnhausen 1997

Riha, Karl: Karneval und Maske. Ein Vortrag, Massenmedien und Kommunikation 75, Siegen 1992

–: Commedia dell'Arte, Frankfurt/M. 1980

Robert, François und Jean, Face to Face, Baden/Schweiz 1996

Saigre, Henry: L'au-dela des masques ou la rencontre improbable. Approche clinique et perspectives théoriques de la mascothérapie, in: Art et Thérapie, No. 20/21, 1986, S. 3–84

Sartre, Jean-Paul: Überlegungen zur Judenfrage, Reinbek 1994

–: Das Sein und das Nichts. Versuch einer phänomenologischen Ontologie, Reinbek 1991

–: Der Ekel, Reinbek 1987

–: Kritik der Dialektischen Vernunft. Bd. 1, Reinbek 1967

Schechner, Richard: Theateranthropologie. Spiel und Ritual im Kulturvergleich, Reinbek 1990

Schmitz, Hermann: Der unerschöpfliche Gegenstand. Grundzüge der Philosophie, Bonn 1990

Schmölders, Claudia: Hitlers Gesicht. Eine physiognomische Biographie, München 2000

–: Das Vorurteil im Leibe. Eine Einführung in die Physiognomik, 2. Aufl. Berlin 1997

–: Der exzentrische Blick. Gespräche über Physiognomik, Berlin 1996

– / Sander L. Gilman: Gesichter der Weimarer Republik. Eine physiognomische Kulturgeschichte, Köln 2000

Schopenhauer, Arthur: Zur Physiognomik, in: ders., Parerga und Paralipomena II, Zweiter Teilband, Zürcher Ausgabe Bd. X, Zürich 1977, S. 689–696

Schütz, Alfred / Thomas Luckmann: Strukturen der Lebenswelt, Band I, Frankfurt/M. 1979

–: Strukturen der Lebenswelt, Band II, Frankfurt/M. 1984

Schwanitz, Dietrich: Die Wirklichkeit der Inszenierung und die Inszenierung der Wirklichkeit, Frankfurt/M. 1977

Seami: Die geheime Überlieferung des Nô. Aufgezeichnet von Meister Seami, Frankfurt/M. 1986

Sheleen, Laura: Maske und Individuation, Paderborn 1987

Sommer, Katharina: Maskenspiel in Therapie und Pädagogik, Paderborn 1992

Sorell, Walter: The other face – the mask in the arts, London 1973

Starobinski, Jean: Die Erfindung der Freiheit 1700–1789, Frankfurt/M. 1988

Stern, Daniel N.: Die Lebenserfahrung des Säuglings, Stuttgart 1992

–: Mutter und Kind. Die erste Beziehung, Stuttgart 1977

Strauss, Anselm: Spiegel und Masken, Frankfurt/M. 1974

Strehler, Giorgio: Artisan Poetry, in: Alberto Marcia 1980, o.S.

Toepffer, Rodolphe: Essay zur Physiognomie, Siegen 1982

Taylor, Charles: Quellen des Selbst. Die Entstehung der neuzeitlichen Identität, Frankfurt/M. 1994

Turner, Victor W.: From Ritual to Theatre. The human seriousness of play, Tucson/Arizona 1982

–: The Ritual Process. Structure and Antistructure, Chicago 1969

Vattimo, Gianni: Il soggetto e la maschera. Nietzsche e il problema della liberazione, 3. Aufl. Mailand 1999

Wiener, Michael: Maskierte Männer – besessene Frauen? in: Eva Ch. Raabe (Hg.) 1992, S. 243–264

Winnicott, Donald W.: Vom Spiel zur Kreativität, Stuttgart 1973

Wittgenstein, Ludwig: Philosophische Untersuchungen, Frankfurt/M. 1977

Zimmer, Heinrich: Philosophie und Religion Indiens, Frankfurt/M. 1988

Namenregister